Daniel Williams

Das Immunsystem der Seele

Daniel Williams

Das Immunsystem der Seele

Grundlagen und Methoden zum Aufbau der
psychischen Widerstandskraft

Inhalt

Kapitel 5: Methoden für mehr Ausgeglichenheit und geistige Klarheit

Kapitel 6: Krisen und schwierige Umstände

Vorwort

Wir leben in einer Zeit, in der Leistung und Anpassung immer mehr im Vordergrund stehen. Beruflich und auch im Privatleben haben wir mit Situationen und Umständen zu kämpfen, die uns sehr viel abverlangen und ein hohes Maß an Energie erfordern. Oftmals fühlen wir uns überfordert und passen uns immer mehr den äußeren Umständen an. Wir funktionieren irgendwie, anstatt souverän zu handeln. Die Folgen dieser Anpassung sind Stress, steigende Unzufriedenheit und die daraus resultierenden Lebenskrisen und Krankheiten. Wenn wir unser Leben anschauen, bemerken wir, dass wir über bestimmte Dinge Kontrolle haben, aber es auch Bereiche gibt, in denen es uns schwerfällt, die Kontrolle zu bewahren. Es sieht oft so aus, als würden die Umstände uns kontrollieren. Es kommt uns so vor, als würde unser Leben Tag für Tag ähnlich verlaufen, und der Einzelne merkt, dass er auf irgendeiner Ebene kein freier Mensch ist. Dieses Gefühl nagt am eigenen Wohlbefinden und schränkt unsere Lebensqualität ein.

Als gelernter Maschinenbautechniker erging es mir ähnlich. Ich ging täglich einer Arbeit nach, ohne einen wirklichen Sinn darin zu sehen. Ich hatte zwar einen sicheren Arbeitsplatz, aber die Arbeit erfüllte mich nicht. Mit den Jahren wurde meine Unzufriedenheit größer und ich wusste, dass ich etwas ändern musste. Ich tauschte irgendwann nur noch Zeit gegen Geld ein. Es war aber nicht einfach nur Zeit; es war meine Zeit. »Arbeitszeit ist auch Lebenszeit«, heißt es irgendwo. Ich holte mir manchmal Ratschläge bei älteren Kollegen, die nur noch ein paar Jahre bis zu ihrer Pension hatten. Sie erzählten mir oft, dass es nur darum geht, irgendwie durchzuhalten. Diese Ratschläge kamen mir oft sehr oberflächlich und allgemein vor. Es hörte sich so an, als ob man sich vom Leben herumschubsen lassen müsse. Ich war enttäuscht, dass Menschen, die schon so viel Lebenserfahrung hatten und Jahrzehnte älter waren als ich, mir so wenig über das Leben erzählen konnten. »Wenn die es sagen, dann wird es wohl so sein«, dachte ich mir. Die Kollegen machten sich vor dem Vorgesetzten klein und waren innerlich resigniert. Man könnte auch sagen, sie haben sich aufgegeben und glaubten nicht mehr an sich. Die Leute nahmen es in Kauf, dass ihr Leben hauptsächlich von äußeren Faktoren gelenkt wurde, und sahen keine Möglichkeit, aus eigener Kraft heraus etwas zu unternehmen. Das Risiko einer Veränderung, das Risiko, zu scheitern oder auf die Nase zu fliegen, war gefühlsmäßig zu hoch. Wenn ich ihre Leiden und ihre leeren Augen sah, konnte ich mich mit diesen gut gemeinten Ratschlägen nicht anfreunden. Ich konnte damit nichts anfangen. Ich wusste, dass das nicht alles sein konnte und dass es hinter diesen Scheinlösungen noch mehr geben musste. Es fehlte an Stabilität, innerer Stärke, Werten und einer klaren Richtung im Leben. Enttäuschungen und das Gefühl der Sinnlosigkeit wurden so erdrückend, dass eine zufriedene und harmonische Lebensweise kaum mehr möglich war. Ich sah also, dass diese Form des »Durchhaltens« auf Dauer nicht funktioniert, ohne dabei seine Gesundheit aufs Spiel zu setzen. Doch warum wendet jemand so viel Kraft auf, um sich zu Dingen zu zwingen, die nicht zu seiner Natur passen und ihn auch niemals glücklich machen können? Ratschläge und Tipps, mit denen ich nicht viel anfangen konnte, habe ich mein ganzes Leben lang gehört und ich höre sie auch heute noch. Ich bin diesen Menschen nicht böse, aber wahrscheinlich wissen sie es einfach nicht besser. Das ändert aber nichts daran, wenn es darum geht, sich aus einer festgefahrenen Situation zu befreien.

Was tun Sie, wenn Sie mit Tipps und Meinungen zurückgelassen werden, die Sie aus Freundlichkeit berücksichtigen, aber für Sie nicht funktionieren? Wie fühlen Sie sich, wenn diese Ratschläge für andere umsetzbar sind, aber bei Ihnen nicht zu den gewünschten Ergebnissen führen? Wie werden Sie dabei zurückgelassen?

Aus diesem Grund ist dieses Buch entstanden. Ich möchte Ihnen Methoden und andere Perspektiven vorstellen, die Ihnen dabei helfen werden, in Ihrem Leben weiterzukommen. Methoden, die ich lange selbst ausprobiert habe und die sich auch im Alltag bewährt haben. Es sind also Ansätze aus der Praxis für die Praxis. Dabei spielt das Thema Resilienz eine Schlüsselrolle. Ich muss zugeben, dass ich diesen Begriff nie zuvor gehört hatte, bevor ich mich ernsthaft mit Persönlichkeitsentwicklung und psychologischen Themen beschäftigt habe, oder ich habe ihm einfach keine Beachtung geschenkt, weil er sich so fremd anhörte. Er ist nicht so geläufig, obwohl es sich dabei um eine Sache handelt, die in der Entwicklung eines Menschen eine große Rolle spielt.

Sie brauchen keine Vorkenntnisse, um mit diesem Buch zu arbeiten. Es war meine Absicht, dass die hier angeführten Inhalte verständlich und umsetzbar sind. Sie brauchen dazu lediglich eine offene Haltung und ein wenig Mut, sich auf neue Dinge einzulassen. Die gute Nachricht ist, dass jeder in der Lage ist, an sich zu arbeiten, nur manchmal braucht es ein wenig Hilfe von anderen. Machen Sie sich keinen Druck und gehen Sie die Sache, soweit es Ihnen möglich ist, entspannt an. Ich empfehle Ihnen, die Seiten in Ihrem eigenen Tempo zu lesen. Wählen Sie ein Tempo, das für Sie richtig und stimmig ist. Eiserne Disziplin, Verbissenheit und der Gedanke, dass Sie schnell sein müssen, erzeugen inneren Stress, was nicht zielführend ist. Sie können es als Projekt ansehen, bei dem es darum geht, für etwas zu arbeiten und nicht gegen etwas. Wie Sie später feststellen werden, wird es hier um zwei wesentliche Dinge gehen:

1. Den Aufbau einer soliden Resilienz, damit Sie in der Lage sind, mit den Herausforderungen des Lebens, wie z. B. Krisen, Rückschlägen, Enttäuschungen und belastenden Situationen, umzugehen, aber auch einer allgemeinen inneren Stärke und Stabilität.
2. Den Sinn und die eigentliche Botschaft von schwierigen Lebenssituationen zu verstehen.

Kapitel 1

Die Bewusstwerdung

Der gewohnte Alltag

In diesem Kapitel sollen konkrete Beispiele aus dem Alltagsleben geschildert werden. Es sind Situationen, die Ihnen vertraut sein könnten und die Sie vermutlich auch schon bei anderen festgestellt haben. Vielleicht fragen Sie jetzt, wozu das alles. Es ist eine wunderbare Sache, Dinge immer wieder zu hinterfragen und ihnen auf den Grund zu gehen. Leider sind uns aber die Geheimnisse und Fehler der anderen Menschen oft wichtiger als die eigenen. Wir bemerken eine leise Befriedigung und Überlegenheit, wenn wir die Schattenseiten und Fehler der anderen aufdecken, so wie es auch gerne die Paparazzi tun. Die eigenen Lebensthemen anzuschauen, kann aber auch spannend sein. Dies zu tun, ist oft schwerer als gedacht, da wir nicht immer ehrlich mit uns selbst sind und viele Dinge, die wir an uns selbst nicht mögen, nicht näher anschauen wollen.

Dieses Kapitel soll genau diesen Punkt näher beleuchten. Es soll der Bewusstheit oder, was in der eigenen Entwicklung noch wichtiger ist, der eigenen Bewusstwerdung dienen. Ohne Bewusstwerdung ist kein Fortschritt möglich, da es der erste Schritt bei der Veränderung ist. Prüfen Sie es selbst nach. Vielleicht wollen Sie Ihren Job wechseln oder ein neues Auto kaufen. Vielleicht wollen Sie aber auch einen Urlaub machen oder eine Firma gründen? Bevor Sie das umsetzen, haben Sie sicher gründlich darüber nachgedacht, wie die einzelnen Schritte sein werden, welche Mittel Sie dazu brauchen und wie Sie das alles erfolgreich verwirklichen können. Sie benutzen also Ihren Verstand und den Willen, um die Dinge in die Tat umzusetzen. Jedoch soll es hier weniger darum gehen, ganz bestimmte materielle Ziele zu erreichen. Ziele sind sehr individuell und richten sich nach persönlichen Vorlieben und Stärken. Vielmehr soll es hier darum gehen, dass Sie bestimmte innere Fähigkeiten entwickeln, damit Sie Ihre Wünsche und Ziele leichter erreichen können. Was für Sie wichtig ist, können nur Sie alleine wissen, jedoch gibt es bestimmte Prinzipien, die dabei helfen, die notwendigen Schritte zu tun.

Ich habe für Sie keine passende Schritt-für-Schritt-Anleitung. Diese Anleitungen mögen zwar in der Theorie funktionieren, sind aber für die Praxis nicht immer geeignet. Das Leben funktioniert nicht immer genauso, wie es auf dem Blatt Papier steht. Genau wie in der Natur greifen Dinge oft ineinander und sind miteinander verwoben. Ich möchte Sie einladen, Dinge nicht in Schubladen zu stecken, sondern den Versuch zu unternehmen, über den Tellerrand hinauszuschauen – vielleicht auch so weit, bis Ihnen etwas schwindelig wird. Man könnte es auch eine ganzheitliche Betrachtungsweise nennen, wo das vernetzte Denken angewendet wird. An dieser Stelle sei angemerkt, dass es sich hier um einen Ansatz handelt, der sich schwerpunktmäßig an die Psyche richtet, aber auch den

Körper mit einbezieht. Bei der Bewusstwerdung sind auch immer Gedanken, Emotionen und körperliche Empfindungen im Spiel. Wenn jemand psychisch angeschlagen ist, reagiert auch immer der Körper darauf. Genau das können wir uns zunutze machen und lernen, die Reaktionen des Körpers zu deuten. Dies kann uns helfen, zu verstehen, in welche Richtung wir uns bewegen, um einzuschätzen, ob der eingeschlagene Weg auch der richtige ist. Für den Aufbau der Resilienz sollten wir uns klarmachen, was dazu beiträgt und was nicht. Vielleicht sind Ihnen diese Sachen schon bekannt, weil Sie sich schon länger damit auseinandersetzen. Falls dem so ist, gehören Sie wahrscheinlich zu der Minderheit, die bereit ist, ein tieferes Verständnis für das eigene Selbst zu erlangen. Wenn wir das Leben betrachten, werden wir feststellen, dass wir in einer sehr hektischen und schnelllebigen Gesellschaft leben. Es geht vor allem um Leistung. Es ist wichtig, vor anderen gut dazustehen und einen positiven Eindruck zu hinterlassen. Aussehen und Status sind für viele Menschen das Wichtigste im Leben, und viele machen ihren Wert an den Meinungen der anderen und an den erbrachten Leistungen fest. Die perfekte Frisur und das perfekte Auto werden zum Markenzeichen. Diese Menschen tun anderen gerne einen Gefallen, vergessen sich oft aber selbst dabei. Mit anderen Worten: Man vergisst seinen Selbstwert und lebt nur, um es anderen recht zu machen. Das ist eines der Muster, auf das wir später noch eingehen werden. Dies spiegelt sich im gesamten Tagesablauf wider. Nach dem Aufwachen geht es zuerst mal in das Badezimmer, um die ersten optischen Fehler zu suchen, und somit verwandelt sich das Badezimmer schon am Morgen in die Kammer des Schreckens, wo Abwertung und Ablehnung praktiziert werden. Auch beiläufige Bewertungen sind nicht schmeichelhaft. Doch viele vergessen, dass beim Bewerten gleichzeitig entwertet wird. Danach geht es weiter Richtung Zeitung, wo man schreckliche Dinge aus aller Welt liest. Bei diesem täglichen Morgenritual kann man sich bereits vorstellen, wie stärkend und aufbauend das Ganze ist, oder auch nicht.

Wie sieht der Vormittag aus? Es gibt Menschen, die sechs Stunden am Stück arbeiten, ohne einen einzigen Schluck Wasser zu trinken. Es gibt Mitarbeiter, die so getrieben von ihrer Arbeit sind, dass sie verlernt haben, normal zu atmen. Die Atmung ist flach und endet bereits an der oberen Brust. Der Körper bekommt zu wenig Sauerstoff und rebelliert irgendwann. Wussten Sie, dass eine der Hauptursachen für viele Krankheiten darin liegt, dass die Zellen an einer Unterversorgung mit Sauerstoff leiden? Die Atmung sollte den Bauch und auch das Becken füllen. Sicher wird nicht immer daran gedacht, aber es gehört auch zu einer bewussten Lebensweise, mehr und mehr zu sich selbst zu finden und auf die kleinen Signale des Körpers zu achten. Steht jemand den ganzen Tag unter Stress, werden solche Details aber zur Nebensache. Es ist nur noch wichtig, den Anforderungen gerecht zu werden und seine Pflicht zu tun. Wie sieht meine Mittagspause aus? Nehme ich mir die Zeit für mein Essen oder schaufle ich es mechanisch in mich hinein? Ist mein Fokus bei dem, was ich im Moment tue, oder lebe ich geistig wieder in der Vergangenheit? Plagen mich schon wieder Zukunftsängste und überlege ich mir jetzt schon, wie ich meine mangelnde Arbeitsleistung meinem Vorgesetzten erklären soll? Gibt es an meinem Feierabend wirklich etwas zu feiern, oder verbringe ich ihn damit, meinem Partner von meinen Problemen bei der Arbeit zu erzählen und auch seinen Feierabend zu trüben? Überlegen Sie sich einmal, wie Sie Ihren Tag verbringen und wie viel Zeit Sie dafür aufbringen, sich über Dinge zu ärgern. Natürlich gibt es Dinge, über die man sich aufregen kann, schließlich darf man sich ja nicht alles gefallen lassen. Das ist legitim und sorgt auch für die nötige Ruhe. Doch was ist mit den Dingen, die sich der persönlichen Kontrolle entziehen? Ich bin mir sicher, dass Sie diese Liste noch ergänzen können, wenn Sie das eigene Leben genauer unter die Lupe nehmen.

Wichtig ist hier zu verstehen, dass nicht nach Fehlern gesucht werden muss, damit Sie sich daran erinnern, wie schlecht Ihr Leben ist, um sich danach selbst fertigzumachen. Der Sinn dieser Beispiele ist niemals eine Verurteilung oder eine Schuldzuweisung, weder bei sich selbst noch anderen gegenüber. Der Zweck liegt einzig und allein darin, zu erkennen, wie Sie durch das Leben gehen, sich selbst im Weg stehen und sich seelisch misshandeln. Für viele Leute ist das schon zur Normalität geworden. Immer wenn Sie sich schlecht behandeln, sei es auch nur in Gedanken, schwächen Sie sich auf irgendeiner Ebene. Vielleicht ist es nicht sofort spürbar, jedoch ist die Summe an Entscheidungen mit all den verbundenen Konsequenzen dafür verantwortlich, wie es Ihnen am Ende des

Tages geht. Jeder Mensch hat einen freien Willen und jeder kann selbst entscheiden, wie er sein Leben lebt. Die einfache Frage ist dabei immer nur, wie man sich dabei fühlt. Wie geht es Ihnen dabei, wenn Sie sich selbst für Ihr Aussehen kritisieren und sich einreden, dass Sie unfähig und nichts wert sind? Wie geht es Ihnen dabei, wenn Sie täglich die Nachrichten hören oder sich über die ganzen schlechten Dinge, die sich in der Welt abspielen, aufregen? Achten Sie in diesen Momenten genau auf Ihre Stimmung. Die Gedanken erzeugen nun mal die Emotionen und diese wiederum prägen das Verhalten. Diese drei Faktoren stehen unmittelbar in Verbindung und begleiten uns das ganze Leben lang. An dieser Realität wird sich auch nichts ändern.

Ich möchte Ihnen dabei helfen, das Bewusstsein zu schärfen. Sie können lernen, sich zu beobachten. Was für Gedanken habe ich über mich und die Welt? Wie spreche ich mit mir selbst? Wie gehe ich mit mir um? Dazu zählt nicht nur das Verhalten, sondern auch die innere geistige Haltung, auf die hier besonderen Wert gelegt wird. Das eigene Urteil über sich selbst entscheidet darüber, wie wir uns selbst wahrnehmen und welches Bild wir von uns haben. Auf diese Weise können wir herausfinden, wie sehr wir mit uns im Reinen sind. Eine gesunde Haltung ist untrennbar mit der Resilienz verbunden, und die Entwicklung der Resilienz ist die Kernlektion dieses Buches. Auch die Weltgesundheitsorganisation (WHO) hat erkannt, dass Gesundheit von mehreren Faktoren abhängt.

Definition der WHO

Die WHO definierte 1948 Gesundheit wie folgt:
Gesundheit ist ein Zustand völligen psychischen, physischen und sozialen Wohlbefindens und nicht nur das Freisein von Krankheit und Gebrechen. Sich des bestmöglichen Gesundheitszustandes zu erfreuen ist ein Grundrecht jedes Menschen, ohne Unterschied der Rasse, der Religion, der politischen Überzeugung, der wirtschaftlichen oder sozialen Stellung.

Bei dieser Definition stellt sich die Frage, ob es überhaupt noch wirklich gesunde Menschen gibt.

Innere Programme und destruktive Verhaltensmuster

Um bei der psychischen Gesundheit anzusetzen, können Sie damit anfangen, die eigenen Gedankengänge zu beobachten. Ich habe mir vor Jahren selbst eine Art Tagebuch angelegt, in dem ich mir meine Muster genau notiere. Dazu gehören z. B. ungesunde Denkmuster, destruktive Verhaltensweisen sowie einschränkende Glaubenssätze. Solche Muster sind uns oftmals gar nicht bewusst, da wir uns sehr an unseren Lebensstil gewöhnt haben. Es dient als Kontrollbuch für die Selbstreflexion. Ob Sie es glauben oder nicht, aber viele Gewohnheiten schränken die eigene Lebenskraft massiv ein. Die eigenen Muster zu erkennen, ist nicht immer leicht, da wir Jahre oder vielleicht sogar Jahrzehnte nach diesen Programmen gelebt haben. Ein Fisch, der im Wasser schwimmt, weiß nicht, dass er nass ist. Genauso gehen viele Menschen durch das Leben und merken nicht mehr, dass sie Sklaven ihrer negativen, ja sogar selbstzerstörerischen Gewohnheiten sind. Aber die gute Nachricht ist: Es sind Programme und Gewohnheiten. Genauso wie ein Programm entstanden ist, kann es auch wieder gelöscht oder verändert werden. Wie immer gibt es aber auch eine schlechte Nachricht. Programme, nach denen Jahre gelebt wurde und die vielleicht sogar schon in der Kindheit kreiert wurden, brauchen deutlich länger, um verändert zu werden. Ich sage hier bewusst »kreiert«, denn viele der Verhaltensweisen, die auch im Erwachsenenalter gelebt werden, sind antrainiert und im Unterbewusstsein gespeichert. Das Unterbewusstsein ist eine Art Festplatte, auf der sämtliche Erfahrungen und Informationen gespeichert sind. Das gilt sowohl für positive, als auch für negative Dinge.

Ich will Sie hier nicht beunruhigen, aber ich will verdeutlichen, dass es nicht nur um schnelle Lösungen geht, sondern um einen Lernprozess, der Arbeit und Geduld erfordert. Schließlich soll es hier, wie an früherer Stelle erwähnt, um einen ganzheitlichen Ansatz gehen. An manchen Stellen werden sich bestimmte Inhalte wiederholen. Das ist aber bewusst so angewendet, da unser Unterbewusstsein auf Wiederholungen reagiert. Gerade in diesen Wiederholungen liegt der Schlüssel zum Erfolg. Wenn jemand einen Film zum ersten Mal sieht, wird er sich zwar an manche Dinge erinnern können, aber sicher nicht an jede einzelne Szene. Wird der gleiche Film nach längerer Zeit nochmals angeschaut, wird der Zuschauer neue Dinge darin erkennen und wahrnehmen, die ihm das erste Mal gar nicht aufgefallen sind. Er wird sich wundern und sich vielleicht fragen, ob er beim ersten Mal geistig abwesend war oder vielleicht sogar stellenweise eingenickt ist. In Wahrheit werden aber viele Details vom Gehirn ausgefiltert. Unser Gehirn ist ständig am Filtern und lenkt das Augenmerk auf die Dinge, die für uns im Moment wichtig sind. Würden alle Reize und Informationen bewusst verarbeitet werden, wäre der Mensch permanent überlastet. Viele Informationen werden aber trotzdem aufgenommen und müssen verarbeitet werden, auch wenn sie nicht gut für uns sind. Auf diese Weise entstehen die Programme, nach denen wir leben. Sie prägen die Realität eines jeden Menschen. Trägt jemand viele negative und begrenzende Denk- und Glaubensmuster mit sich herum, wird er auch die entsprechenden Erfahrungen sammeln.

Ein wichtiger Aspekt, der nicht außer Acht gelassen werden darf, ist die eigene Ausstrahlung. Haben Sie sich schon einmal gefragt, warum manche Menschen eine besondere Wirkung auf uns ausüben und andere nicht? Es gibt Menschen, die wir gerne in unserer Nähe haben und bei denen wir uns wohlfühlen, und andere, die wir lieber meiden. Sie wirken irgendwie unsympathisch auf uns, ohne dass wir genau benennen können, warum das so ist. Alles, was sich in unserem Inneren abspielt, wirkt sich auch auf die Ausstrahlung aus, und da spielen die Gedanken und Emotionen, die wir in uns tragen, die entscheidende Rolle. Wenn wir z. B. einen Raum betreten, wo lauter schlecht gelaunte Menschen sitzen, nehmen wir das selbstverständlich wahr. »Hier herrscht dicke Luft«, sagt man umgangssprachlich. Ein Mensch strahlt immer das aus, was er im Inneren fühlt. Das passiert ständig, auch wenn sich jemand dessen nicht bewusst ist. Wie andere Menschen uns wahrnehmen und auf uns reagieren, ist eine direkte Funktion der persönlichen Ausstrahlung. Man muss kein Psychologe sein, um zu sehen, wenn jemand schlecht gelaunt ist. Oft ist es sogar so, dass andere die eigene Ausstrahlung besser lesen können als wir selbst, da wir uns selbst jeden Tag sehr nahe sind und deshalb nicht immer einschätzen können, wie andere uns wahrnehmen.

Wenn hier von Ausstrahlung die Rede ist, meine ich hier weniger die Optik und das Aussehen eines Menschen, sondern vielmehr sein Innenleben, das nach außen hin ausgestrahlt wird. Wenn es um das Aussehen geht, kann man sich sehr viele Dinge einfallen lassen, um daran etwas zu kaschieren. Einige haben sogar recht guten Erfolg damit. Es gibt Leute, die sich nach außen hin so präsentieren können, dass man ihnen nicht ansieht, wie es im Inneren ausschaut. Das ist aber auf Dauer sehr anstrengend und auch nicht authentisch. Man sieht diese Maske oft bei Schauspielern und Sängern, aber auch bei ganz unterschiedlichen Künstlern. Irgendwann hört man aber die tragische Nachricht, wie es in Wirklichkeit um diese Menschen steht. Etwas zu überspielen und so zu tun, als wäre alles in Ordnung, kann auf Dauer nicht gutgehen. Vielleicht wird man nicht durchschaut, aber man ist auch nicht ehrlich zu sich selbst. Ein innerer Anteil weiß um diese Sachen und wird unterschwellig immer das Gefühl hervorrufen, dass etwas nicht stimmt. Es braucht nicht viel Mut, um anderen und sich selbst etwas vorzuspielen, was man nicht ist. Mutig zu sein bedeutet, sich mit der eigenen Person und den verdrängten Themen und Problemen auseinanderzusetzen, auch wenn das bedeuten kann, sich seinen emotionalen Schmerzen zu öffnen. Hinter diesen verdrängten Inhalten liegt die wahre Größe eines Menschen, doch nur durch Hingabe ist Veränderung möglich.

Fragen Sie sich also, ob Sie zu den Menschen gehören möchten, die vor sich selbst weglaufen und dadurch das eigene Potential untergraben, oder wagen Sie die Schritte, die nötig sind, um sich selber zu erkennen, und dadurch eine bessere Version von sich selbst zu werden. Was haben Sie also zu verlieren, wenn Sie anfangen, sich selbst mit all Ihren Facetten zu ergründen? Es gibt Dinge, die verloren gehen können – sogar eine ganze Menge. Es handelt sich dabei um bestimmte Eigenschaften, schlechte Gewohnheiten und einschränkende Muster, die Sie schon lange mit sich herumtragen.

Der Grund, warum Sie immer noch weiterlesen, ist wahrscheinlich der, dass es nun an der Zeit ist, nicht mehr in den alten Schuhen weiterzugehen. Machen Sie sich bewusst, in welchen Schuhen Sie gehen und was die Mechanismen sind, die das eigene Leben im Griff haben. Wenn Sie das zunehmend erkennen, können Sie auch herausfinden, was Ihnen gut tut und wie Befreiung möglich ist. Wenn Sie sich dieser Mechanismen nicht bewusst werden, wird es schwierig werden, daran etwas zu ändern. Es geht hier weniger darum, genauestens zu analysieren, woher eigentlich die Schwierigkeiten kamen, die Sie im Leben haben, sondern vielmehr darum, was Sie jetzt tun können. Wenn Sie das Bedürfnis haben, genau wissen zu wollen, woher Ihre Probleme kommen, gibt es fachkundige Hilfe, die Sie in Anspruch nehmen können. Sie können aber auch selber Nachforschungen anstellen, was in Ihrer Kindheit alles passiert ist. Vielleicht möchten Sie auch lieber beim Psychologen auf der Couch liegen und ihm Ihre schwierige Vergangenheit erzählen, damit Sie wissen, woher die Ängste kommen, die an Ihnen nagen.

Ich habe mich mit vielen Dingen aus der Psychologie beschäftigt und für mich herausgefunden, dass ich mit manchen Dingen nicht so viel anfangen kann, wie ich mir erhofft hatte. Einige Dinge kamen mir zu theoretisch vor, und da ich kein großer Theoretiker bin, lege ich den Fokus mehr auf die Praxis. Das soll aber nicht heißen, dass die Psychologie an sich schlecht ist, aber nur über ein Problem zu reden, reicht oft nicht aus. Jeder muss für sich selbst herausfinden, was ihm liegt. Ich betrachte diese Dinge aber nicht ausschließlich als psychologische Arbeit am Menschen. Man braucht kein Psychologiestudium, um an sich selbst arbeiten zu können. Die Schulung des Denkens und die Arbeit am eigenen Charakter gehören zum Leben dazu. Mich weiterzubilden und mein Selbstvertrauen zu stärken, können das Leben unheimlich bereichern. Es heißt, dass ich mich in die Pflicht nehme, anstatt mein Leben zu vergeuden. Es heißt, dass ich mir selbst wichtig bin und auf meiner Seite stehe. Es heißt, dass ich mich mir selbst gegenüber verpflichtet fühle und aus meinem Leben etwas machen will. Sie können dieses Wissen als psychologischen Ratgeber ansehen oder auch dem Bereich der Persönlichkeitsbildung zuordnen. In einem späteren Kapitel werden vielleicht auch spirituelle oder philosophische Ansichten vorkommen, die Sie möglicherweise schon einmal gelesen haben.

In der westlichen Welt haben wir die Notwendigkeit, immer alles genau benennen zu müssen. Anders ist es hingegen in manchen östlichen Lehren. Ich habe einmal eine Geschichte von einem europäischen Touristen gehört, der zu einem taoistischen Lehrer nach China gereist ist. Der Gast fragte den Lehrer, ob der Taoismus in China als Religion oder als Philosophie eingestuft wird. Daraufhin sagte der Lehrer, dass so eine Frage nur von einem Menschen aus der westlichen Welt gestellt werden kann. Er erklärte ihm, dass in ihrer Kultur nicht zwischen Religion und Philosophie unterschieden wird, sondern die Dinge zusammengeführt werden müssen. Da, wo das eine anfängt, hört das andere nicht unbedingt auf, und auch umgekehrt ist es nicht der Fall. Indem wir den Dingen immer ein Etikett geben und sie wie gewohnt in Schubladen einordnen, schaffen wir dadurch unbewusst eine Trennung, die wir aber deutlich wahrnehmen. Und so, wie wir das in der Außenwelt tun, ist die Wahrscheinlichkeit hoch, dass wir das auch bei uns selbst tun. Dies kann dazu führen, dass wir Körper, Geist und Seele als getrennte Dinge betrachten, die nichts miteinander zu tun haben, jedoch mit verheerenden Konsequenzen. Die Bezeichnung ist eigentlich gar nicht so wichtig und dem Leser überlassen. Wichtig sind die Intention und die Bereitschaft, das Wissen in die Tat umzusetzen und zu lernen, welche Elemente man zusammenführen muss. Wissen ist für die persönliche Weiterentwicklung zwar wichtig, aber nicht die ganze Miete. Was nützt das beste Wissen, wenn es in der Praxis nicht angewendet wird? Ein griechischer Philosoph fragte seine Schüler vor langer Zeit: »Wenn ihr das, was ihr gelernt habt, nicht anwenden könnt, warum habt ihr es dann gelernt?«

Machbare Schritte

Eines ist dieses Buch mit Sicherheit nicht: Es ist keine Form des Motivationstrainings, wo von Ihnen erwartet wird, dass Sie in vier Wochen unzerstörbares Selbstvertrauen haben und eine so magische Resilienz aufbauen, damit Sie unangreifbar sind. Wer hier eine Sammlung von flotten Sprüchen sucht, mit denen er die innere Arbeit abkürzen oder umgehen kann, wird dieses Buch enttäuscht beiseitelegen. Die psychische Widerstandskraft ist etwas Grundlegendes und Fundamentales, das entwickelt werden muss, um Bestand zu haben. Wenn das Fundament zu schnell gebaut wird, entstehen schnell Risse, die jeder weiteren Belastung nicht wirklich standhalten können. Ich will Ihnen hier keine großen Versprechungen machen, aber im psychologischen Kontext ist Wissen nur dann wirklich nützlich, wenn es auf einer tieferen Ebene integriert wird und dort seine Wirkung entfaltet und nicht nur vom Kopf her verarbeitet wird.

Meine Absicht war es, Ihnen Techniken an die Hand zu geben, die Ihnen dabei helfen, in machbaren Schritten an Ihrer Resilienz zu arbeiten. Es handelt sich hierbei um Grundlagen, die für viele Situationen anwendbar sind. Später werden Sie erkennen, wie die Dinge miteinander vernetzt sind und dabei wie viele einzelne Zahnräder ineinandergreifen. Ich versuche hier die Dinge so zu erklären, damit Sie die Zusammenhänge besser verstehen können. Die einzelnen Kapitel müssen nicht in einem Durchgang gelesen werden. Lassen Sie das Gelesene auf sich wirken und atmen Sie tief in sich hinein. Achten Sie darauf, welche Emotionen bei bestimmten Stellen auftauchen. Wenn Sie bei manchen Stellen eine körperliche Reaktion spüren, die unangenehm ist, ist das ein Hinweis, dass Sie da möglicherweise ein Thema haben und genauer hinschauen sollten. Genauso können Sie auch im Alltag verfahren. Wenn Sie merken, dass bestimmte Situationen Sie emotional aufwühlen, können Sie eine mentale Notiz davon machen oder damit beginnen, das Erlebte direkt in Ihr Tagebuch, oder wie auch immer Sie es nennen wollen, einzutragen. Mit dieser Methode ist es möglich, ein Gespür dafür zu entwickeln, wo Sie innerlich stehen. Später wird es dann auch leichter fallen, zu erkennen, welche Aspekte Ihrer Persönlichkeit schon gut ausgeprägt sind und an welchen Sie noch arbeiten können oder dürfen. Jedoch sollte der Fokus nicht nur auf die negativen Muster gelenkt werden, da ein Mensch nicht nur aus den unschönen, sondern auch aus vielen positiven

Aspekten und Stärken besteht, auch wenn diese nicht immer sichtbar sind und für selbstverständlich genommen werden. Durch die Licht- und Schattenseiten ergibt sich wieder die ganzheitliche Betrachtungsweise, von der hier immer wieder die Rede sein wird. Es ist diese Ganzheit, die mir früher gefehlt hat, als ich mir von anderen Leuten Ratschläge geholt habe. Es war für mich nicht wirklich greifbar, weil es eben genau das war – zu wenig. Leere Worte, die zwar den Kopf ansprechen, aber nicht das Herz. Mit Herz meine ich nicht unbedingt diese Pumpe, die in unserer Brust zuckt, sondern unsere emotionale Welt, die eine treibende Kraft in uns ist und deutlich mehr zu bieten hat, als das Chaos, das jeden Tag im Kopf herrscht. Beantworten Sie für sich folgende Frage: »Wie viel hat mir das ständige Grübeln in meinem Leben weitergeholfen?« Haben Sie durch die Sorgen, die Ihnen täglich durch den Kopf gehen, die Resultate erzielt, die Sie wollten? Wenn nicht, können Sie ja auch stattdessen etwas Neues lernen und ausprobieren. Es wird sich lohnen.

Kapitel 2

Resilienz – unser zweites Immunsystem

Eine vorläufige Definition

Als Resilienz bezeichnet man die psychische Widerstandskraft eines Menschen, die dabei hilft, schwierige und belastende Lebenssituationen wie z. B. Krisen, Schicksalsschläge und Niederlagen zu bewältigen.

Es gibt mehrere Definitionen, aber diese hier bringt es kurz auf den Punkt.

Der Begriff Resilienz stammt vom lateinischen Wort »resilire« ab, was in etwa »zurückspringen« oder »abprallen« heißt. An diesem Wort ist erkennbar, dass es sich hierbei um eine Belastung von außen handelt, die auf ein bestimmtes Objekt einwirkt. Es sind aber nicht nur die äußeren Faktoren, die einen Einfluss ausüben, sondern auch innere. Ein Mensch kann einen ruhigen Spaziergang durch den Wald machen, aber sich gleichzeitig über viele Sachen Sorgen machen. Er kann in der absoluten Stille leben, aber sich dennoch viele Gedanken machen, die ihn innerlich belasten und in ihm das Gefühl von Stress entstehen lassen. Ich las vor einigen Jahren einen Artikel, in dem Resilienz als die »Unverwundbarkeit« eines Menschen definiert wurde. Daneben war ein Bild von einem großen Felsbrocken abgebildet, der hart und sehr massiv aussah – geradezu unerschütterlich. Das ist aber nicht die Art von Resilienz, um die es hier gehen soll. Hier liegt nämlich eine große Verwechslung vor. Ein Mensch sollte weder hart wie ein Felsen sein, noch sollte er glauben, unverwundbar sein zu müssen, denn manchmal muss man verwundbar werden, um das »Wunderbare« wieder erleben zu können. Das Ziel besteht vielmehr darin, die innere Kraft so zu nutzen, um mit Belastungen und krisenhaften Situationen besser fertigzuwerden, ohne dauerhaften Schaden zu nehmen. Es ist die innere Kraft, die uns hilft, schneller wieder auf die Beine zu kommen und uns auch von Rückschlägen schneller erholen zu können. Da wir uns nicht in einer Höhle verstecken wollen, müssen wir am Leben teilnehmen. Wir machen viele Erfahrungen, die nicht immer angenehm sind – manche tun sogar verdammt weh. Es ist nicht der Sinn des Lebens, sich zu verkriechen, um allen Gefahren und Schmerzen auszuweichen. Das würde jemanden zu einem passiven Beobachter machen, wo alles, was er ist und sein könnte, im Untergrund versinkt. Resilienz muss gefördert und entwickelt werden. Wer sich zu sehr schont, Konflikten aus dem Weg geht und meint, im Leben müsse immer alles leicht laufen, verpasst die Chance, seine innere Widerstandskraft aufzubauen. Wir sollten in die Arena des Lebens springen und auch riskieren, dass Dinge schiefgehen könnten. Es kann mit Recht gesagt werden, dass es sich bei der Resilienz um das Immunsystem der Seele handelt, das für die Gesundheit von großer Bedeutung ist.

Zunächst wollen wir uns einmal anschauen, welche einzelnen Faktoren bei der psychischen Widerstandskraft am Werk sind. Dazu ist es notwendig, den Menschen genauer zu betrachten. Wie würde sich ein Mangel an Widerstandskraft zeigen? Nehmen wir als Beispiel einen Menschen, den man im Allgemeinen nicht als resilient bezeichnen würde. Diese Person würde sich sehr schnell entmutigen lassen, wenn die Dinge nicht auf Anhieb so laufen, wie geplant. Eine unzureichende Resilienz kann sich in Ambitionen zeigen, die immer sabotiert werden, in vielversprechenden Ideen, die nicht umgesetzt werden, in chronischen Ängsten und Depressionen sowie einer generellen Überforderung im Leben. Stress und Burnout sind in vielen Fällen auch Begleiterscheinungen einer unzureichenden Widerstandskraft. Hierbei kann es zum Zerbrechen angesichts eines Schicksalsschlages kommen, den ein gesünderes Immunsystem bewältigen würde. Eigenschaften wie Geduld, Zähigkeit und Willenskraft sind hier deutlich geschwächt und die Motivation, weiterzumachen, nimmt kontinuierlich ab. Generell ist zu sehen, dass so eine Person deutlich schneller aufgibt als eine resiliente Person. Man könnte auch hier den Begriff »Zähigkeit« verwenden. Im Englischen bezeichnet man jemanden, der sehr zäh und nicht kleinzukriegen ist, ebenfalls als resilient.

Wir sehen also, dass die oben genannten Dinge häufig vorkommen, jedoch ist auch hier zu erwähnen, dass auch eine gesunde Person vor solchen Erfahrungen nicht komplett geschützt ist, da niemand unverwundbar ist. Der wesentliche Unterschied ist hierbei, dass belastende und einschneidende Erfahrungen bei resilienten Menschen nicht so einen großen Schaden verursachen. Wir können nicht immer vermeiden, Konflikten ausgesetzt zu sein, aber wir haben immer die Wahl, wie wir mit der Situation umgehen.

Erinnern Sie sich noch an die Definition der WHO für Gesundheit? Psychisch ist in diesem Kontext gleichbedeutend mit seelisch. Diese Definition stammt aus dem Jahre 1948. Damals war aber der Begriff Resilienz noch nicht bekannt geworden. Die Wissenschaft entdeckte diese Fähigkeit in den 1950er Jahren. Damals startete die amerikanische Psychologin Emmy Werner eine Studie, bei der sie 686 Kinder auf einer hawaiianischen Insel begleitete. Sie begleitete die Kinder bis ins Erwachsenenalter und stellte dabei fest, dass arme und vernachlässigte Kinder nicht zum Scheitern verurteilt sind. Ein Drittel der Kinder führte später ein erfülltes Leben, auch wenn ihnen die frühkindliche Zuwendung fehlte. Aus dieser Studie lässt sich schließen, dass es auch von bestimmten genetischen Faktoren abhängt, wie resilient eine Person ist. Andere Studien sind der Meinung, dass Resilienz nicht angeboren ist, sondern sich aus Erfahrungen entwickelt, die das Kind mit der Umwelt macht. Diese Aussage wirkt aber etwas widersprüchlich. Wenn etwas potentiell nicht angeboren ist, wie kann es dann entwickelt werden? Wenn etwas nicht angeboren ist, könnte man meinen, dass es nicht existiert. Was nicht existiert, kann nicht eingesetzt werden.

Das Konzept der Resilienz ist nicht neu. Schon im antiken Griechenland gab es die sogenannten »Stoiker«. Es war eine Philosophie, die um 300 v. Chr. gegründet wurde und vor allem bei den Römern sehr beliebt war. Berühmte Stoiker waren Seneca, Epiktet und der Kaiser Marcus Aurelius. In dieser Lehre spielte die Gelassenheit eine zentrale Rolle. Die wichtigste Methode, um diese »stoische Gelassenheit« zu erreichen, bestand darin, genau zu unterscheiden, welche Dinge man kontrollieren und beeinflussen kann und welche nicht. Stoische Gelassenheit wird sich dann einstellen, wenn wir die Dinge, die außerhalb unseres Einflussbereiches liegen, als naturgegeben akzeptieren und die Dinge innerhalb unseres Einflussbereiches, so gut wir können, ausgestalten. Weisheit besteht ihrer Ansicht nach darin, den Platz zu akzeptieren, der einem im Universum zugewiesen ist, und in Harmonie mit der Natur zu leben, indem man sich durch die Ausübung von Tugend um Körper und Seele kümmert.

Nehmen wir doch die Analogie des körperlichen Immunsystems zur Hand, das jedem bekannt ist. Würde hier ein Mensch sagen, dass er kein Immunsystem hat? Wenn die Allgemeinheit von diesem Begriff spricht, ist das in fast allen Fällen auf das körperliche Immunsystem zurückzuführen und kein Arzt auf der Welt würde das leugnen. Wenn es aber um das Seelische geht, sehen die Meinungen wieder ganz anders aus. Ich bin der Meinung, dass ein Mensch alles in sich trägt, was er für sein Leben braucht – das heißt aber nicht, dass es nichts mehr zu tun gibt.

Unsere Vorfahren lebten in einer Zeit, in der es noch sehr gefährlich war, überhaupt die Höhle zu verlassen. Um ihre Nahrung zu bekommen, mussten sie aus ihrer Höhle in die wilde Natur hinaus, wo viele Gefahren lauerten. Sie waren permanent einer potentiellen Gefahr ausgesetzt und mussten um ihr Überleben kämpfen. Es gab keinen Supermarkt um die Ecke, wo sie sich alles besorgen konnten, was sie zum Leben brauchten. Wurde ein Mitglied vom Stamm ausgeschlossen, bedeutete dies in vielen Fällen das Todesurteil. Der Höhlenmensch musste auch schon durch sehr harte Zeiten gehen – harte Zeiten, die ohne eine angeborene Resilienz wohl kaum möglich gewesen wären. Zu dieser Zeit gab es noch keine Bücher oder Wissenschaftler, von denen man lernen konnte, außer vielleicht ein paar Medizinmänner oder einen Schamanen.

Auch ein Tier ist von Natur aus so ausgestattet, dass es sich sehr gut an seine Umgebung anpassen kann. Warum soll ein Mensch, der eine Psyche besitzt, die auch nebenbei sehr verletzlich sein kann, nicht auch mit einer angeborenen Resilienz ausgestattet sein? Dies mag eine Hypothese sein, aber aus einem rein evolutionären Standpunkt heraus macht es für das eigene Überleben und die Erhaltung der Art durchaus Sinn.

Gehen wir hier also davon aus, dass Resilienz in jedem Menschen angelegt und trainierbar ist, und zwar vom Kindesalter bis in das fortgeschrittene Leben, unabhängig von Nation oder Wohnort, da es im Inneren stattfindet. Es gibt Menschen, die sich schlecht ernähren und trotzdem nicht krank werden. Es gibt aber auch Menschen, die sehr penibel auf vieles verzichten, viel Sport treiben und trotzdem mit gesundheitlichen Problemen zu kämpfen haben. Wie kommt das? Hier spielen viele Faktoren eine Rolle. Immer alle Antworten zu haben, ist nicht möglich. Es ist aber möglich, sich gewisse Fähigkeiten anzutrainieren und Schritte in die richtige Richtung zu gehen, und genau das wollen wir uns hier zunutze machen. Wenn es um den Aufbau einer Resilienz geht, bin ich davon überzeugt, dass jeder dazu fähig ist. Wie erfolgreich der Einzelne dabei sein wird, ist wieder eine andere Frage. Es geht hierbei nicht um Perfektion, sondern um Fortschritt. So wie jeder etwas für sein körperliches Immunsystem tun kann, ist es auch möglich, das seelische Immunsystem zu stärken, denn beide arbeiten eng miteinander zusammen. Später werden Sie noch ein paar Methoden kennenlernen, um beide Systeme zu kräftigen. Hier sollen auch wissenschaftliche Hintergrundinformationen eine Rolle spielen, da es immer gut sein kann, ein wenig über die Sachen Bescheid zu wissen, die man anwenden möchte.

Eine der bekanntesten Fragen, die sich jemand bei einer neuen Sache wohl stellt, ist die Frage, ob es für ihn funktionieren wird. Ob alles so laufen wird, wie man sich das vorstellt, lässt sich am Anfang nicht mit Sicherheit beantworten, da es ja noch an den Erfahrungen fehlt. Wir können uns ein erstes Bild machen und prüfen, ob wir mit den neuen Dingen in Resonanz gehen. Lassen Sie es mich genauer erklären. Was bedeutet Resonanz genau? Es ist ein Begriff aus der Physik, der aber immer bekannter wird und in vielen Bereichen Anwendung findet, sei es bei der Partnersuche, im Berufsleben oder in vielen

Themen aus dem spirituellen Bereich. Resonanz bedeutet in etwa »das Mitschwingen eines Körpers«. Berührt Sie ein bestimmtes Thema, fühlen Sie sich davon angezogen oder reagieren Sie auf bestimmte Dinge besonders positiv oder auch angewidert, herrscht eine Resonanz. Wenn bei einem Thema eine deutliche Reaktion spürbar ist, sei sie positiv oder negativ, sind Sie also damit in Resonanz. Es spricht Sie irgendwie an. Wenn es sie kalt lässt und Sie damit überhaupt kein Thema haben, herrscht keine Resonanz, oder die Empfänglichkeit dafür ist etwas eingerostet. Da Sie sich dafür entschieden haben, sich näher mit dem Thema der Resilienz zu befassen, können Sie davon ausgehen, dass dieses Thema in Ihrem Leben momentan wichtig ist. Vielleicht haben Sie sich gefragt, warum das Interesse nicht schon früher da war oder warum Sie bis jetzt noch wenig davon gehört haben. Möglicherweise waren Situationen in Ihrem Leben da, in denen Sie von einer guten Resilienz hätten profitieren können. Das sollte aber kein Grund sein, nicht jetzt damit anzufangen. Aus Erfahrung kann man sagen, dass die Dinge genau dann im Leben auftauchen, wenn die richtige Zeit dafür gekommen ist, auch wenn unser Verstand das Gegenteil behauptet.

Bei allem, was Sie hier in den einzelnen Kapiteln lesen, möchte ich Sie daran erinnern, sich zu fragen, wo für Sie die größte Resonanz herrscht. Das ist eine simple, aber wirkungsvolle Frage, die man sich immer wieder stellen kann, wenn man etwas Neues lernt, und die einen davor bewahrt, die Zeit mit Dingen zu vergeuden, die nicht wirklich weiterhelfen. Es kann aber auch sein, dass manche Inhalte anfangs sogar ein wenig trocken auf Sie wirken – später aber durchaus Sinn ergeben. Wenn Sie also gleich zu den Übungen gehen wollen und schnelle Hilfe benötigen, können Sie auch das tun. Ich empfehle aber, sich auch Grundkenntnisse anzueignen, denn was Sie hier lernen, lernen Sie im Grunde genommen auch über sich selbst, und das hat immer einen Wert. Seien es auch Sie sich wert. Kommen wir nun auf das eigentliche Thema zurück.

Guter Stress – böser Stress

Wenn wir nochmals den lateinischen Begriff »resilire« genauer betrachten, deutet das darauf hin, dass etwas von außen auf jemanden einwirkt. Es muss nicht immer etwas Materielles sein, sondern es kann sich auch genauso gut um eine emotionale Energie handeln, die bei der betreffenden Person eine Wirkung im Inneren erzielt. Untersuchen wir also genauer, was dabei im Menschen vor sich geht. Wird ein äußerer Reiz als belastend wahrgenommen, veranlasst das den Körper dazu, auf eine bestimmte Art und Weise zu reagieren, was als Stress spürbar wird.

Der Mediziner und Biochemiker Hans Selye gilt als Vater der Stressforschung. Seine Definition von Stress lautet: »Stress ist eine Antwort des Organismus auf jede Art von Belastung.« Die Herzfrequenz erhöht sich und der Atem wird schneller. Es ist bereits eine innere Aufregung oder Nervosität zu spüren. In manchen Fällen fängt man an zu schwitzen und ist mit der Situation überfordert. Das kann bei der Arbeit passieren, wenn der Vorgesetzte einen zur Rede stellt oder man gemerkt hat, dass ein Fehler passiert ist. Wird die Situation entspannt, klingen diese Reaktionen nach einer gewissen Zeit wieder ab. Es kann aber auch sein, dass es gar nicht zu einer konfliktreichen Situation im Außen kommen muss, um in Panik oder Unruhe versetzt zu werden. Ein bestimmtes Ereignis, das vor mehreren Wochen oder Monaten stattgefunden hat, kann immer noch belastend sein, sobald man daran denkt. Es sind also nicht immer die äußeren Umstände, die dafür sorgen, dass sich jemand schlecht oder überfordert fühlt; es sind vielmehr die eigenen Gedanken und Bewertungen, die diese Gefühle auslösen. Das ist sehr wichtig zu verstehen. Diese körperlichen Reaktionen geben einen Hinweis darauf, dass das Nervensystem involviert ist, da es viele der hier beschriebenen Körperfunktionen steuert. Wieso reagieren zwei verschiedene Menschen in der gleichen Situation unterschiedlich? Der eine ist überfordert und kann schnell in Panik geraten, und der andere lässt sich um nichts in der Welt aus der Ruhe bringen und macht weiter wie bisher. Das Nervensystem ist das Informationsverarbeitungs- und Kommunikationssystem des menschlichen Körpers. Es empfängt Nachrichten, verarbeitet dann Informationen und sendet Signale aus, die dem Körper mitteilen, was er zu tun hat. Es arbeitet auch eng mit unserer Psyche zusammen. Wird eine Situation als bedrohlich oder gefährlich bewertet, schüttet der Körper bestimmte Hormone wie z. B. Adrenalin aus, welche zu den bekannten Reaktionen führen. Oft laufen diese körperlichen Reaktionen unkontrolliert ab, und in dem Moment, wo das Herz schneller schlägt, haben wir nicht so viel Kontrolle darüber, wie wir uns das wünschen würden. Manchmal fällt es uns schwer, gelassen zu bleiben und den Überblick zu behalten. Wenn wir in einer peinlichen Situation erröten, passiert es einfach. Es ist aber möglich, sich für diesen Teil des Nervensystems, der für diese unkontrollierten Reaktionen verantwortlich ist, mit gewissen Übungen langfristig zu sensibilisieren, damit er nicht mehr so stark anspringt wie bisher. Hierbei handelt es sich um das sogenannte autonome oder auch vegetative Nervensystem.

Das autonome Nervensystem besteht aus zwei Bereichen: dem sympathischen Nervensystem (auch Sympathikus genannt) und dem parasympathischen Nervensystem (Parasympathikus), die in entgegengesetzter Weise auf die Organe einwirken:

- Das **sympathische Nervensystem** regt bei erhöhter Aktivität oder in Stresssituationen den Energieverbrauch an: Es beschleunigt zum Beispiel den Herzschlag und die Atmung und erhöht den Blutdruck.

- Das **parasympathische Nervensystem** kümmert sich um die Körperfunktionen in der Ruhe und sorgt dagegen für Entspannung: Es verlangsamt zum Beispiel die Herzfrequenz und stimuliert die Verdauung.

Um gelassener und souveräner durch das Leben zu gehen, müssen wir uns also mehr mit dem Parasympathikus beschäftigen und darauf achten, dass der Sympathikus nicht übermäßig aktiv ist. Es gibt eine Vielzahl an Möglichkeiten, um diesen Teil des Systems zu aktivieren. Sie können es sich wie eine Balkenwaage vorstellen. Fährt der eine Teil hoch, geht der andere runter. Später werden wir zu den einzelnen Übungen kommen.

Sie können aber auch anfangen, Ihren Atem zu beobachten. Atmen Sie gewohnheitsmäßig in die Brust ein, oder haben Sie eher eine Bauchatmung? Finden Sie es schnell heraus, indem Sie die Hände auf den Bauch legen und wie gewohnt ein- und ausatmen. Wenn sich Ihre Hände wenig bis gar nicht bewegen, geht der Atem eher in die Brust und füllt weniger den Bauchraum aus. Wenn Sie sich angewöhnen, mehrere Male am Tag tief in den Bauch einzuatmen, versorgen Sie den Körper mit mehr Sauerstoff. Wie bereits erwähnt ist Sauerstoffmangel verantwortlich für eine Vielzahl von Krankheiten, da die Zellen unterversorgt sind. Wenn Sie nervös sind, zieht sich Ihr Magen zusammen. Wenn Sie wütend sind, haben Sie ein komisches Gefühl im Solarplexus. Wenn Sie sauer auf jemanden sind, verspannt sich der Kiefer. Sie können es auch in Situationen ausprobieren, in denen Sie unter Druck stehen. Es wird den Stress nicht komplett auflösen, aber Sie lernen, über bestimmte Situationen die Kontrolle zu übernehmen. Durch die tiefere Atmung bewegen sich die Nerven am Rückenmark auf eine andere Art als bei der flachen Atmung. Dadurch werden das Stresslevel sowie die Ausschüttung des Adrenalins reduziert. Außerdem aktiviert sich der Parasympathikus, was einen gesundheitlichen Vorteil mit sich bringt, besonders in Bezug auf Stressbewältigung und allgemeines Wohlbefinden. Ruhe sowie eine gute Verdauung sind von wesentlicher Bedeutung für einen erholsamen Schlaf, um zu regenerieren und neue Energiereserven aufzubauen. Beide Teile des Nervensystems sind zwar parallel aktiv, aber es gibt bestimmte Zeiten, in denen es wichtig ist, dass der eine oder der andere überwiegt.

Wir haben als Mensch die einfachsten Dinge wie das Atmen verlernt und wundern uns dann, warum es uns nicht gut geht. Durch das bewusste Atmen wird der Fokus wieder mehr in den Körper gelenkt. Die Kraft kann besser nach unten strömen, und Sie sind präsenter mit sich selbst. Die Präsenz füllt auch den Raum, in dem Sie sich aufhalten. Sicher kennen Sie Menschen, die mehr Raum einnehmen als andere, auch wenn sie nichts Großes dafür tun, während andere keinerlei Wirkung auf ihre Mitmenschen ausüben.

Der moderne Mensch ist sehr kopflastig geworden und bewohnt seinen Körper nicht mehr; er spürt ihn nicht mehr. Man könnte sagen, er ist sich selbst fremd geworden. Alles spielt sich nur noch im Kopf ab und er ist abgetrennt von seinem wahren Selbst. Um zu sich selbst zu finden, ist es notwendig, sich wieder mit sich selbst zu verbinden. Dies geschieht durch das bewusste Zusammenführen von vergessenen Aspekten. Mit etwas Übung werden Sie im Laufe Ihrer Entwicklung immer mehr davon integrieren. Beachten Sie dabei, dass es sich hierbei um einen Prozess handelt und nicht um ein Ereignis, das nur einmalig passiert. Sie können nicht sagen: »Jetzt bin ich bewusst und das war's.« Bewusstwerdung ist ein Prozess, der das ganze Leben lang andauern kann. Das soll aber nicht heißen, dass Sie sich von nun an jede Sekunde des Lebens kontrollieren müssen oder radikal gegen sich selbst vorgehen, wenn Sie merken, dass Sie nicht immer bewusst im Hier und Jetzt leben. Seien Sie gnädig mit sich selbst und vermeiden Sie es, sich selbst unter Druck zu setzen. Achten Sie aber darauf, nicht alles dem Zufall zu überlassen und das Leben wieder in eine Richtung zu lenken, die für Sie konstruktiv ist.

Hier ist noch zu erwähnen, dass Stress grundsätzlich nicht immer schlecht ist. Man spricht auch vom positiven Stress, der als »Eustress« bezeichnet wird. Dieser Stress unterstützt uns, sportliche Leistungen zu bewältigen und verpflichtende Tätigkeiten voranzutreiben. Auch Glücksmomente wie eine Heirat oder die Geburt des eigenen Kindes können Eustress auslösen. Es gibt Bühnenkünstler, die nach 20 Jahren Bühnenerfahrung immer noch Lampenfieber haben. Diese Art des Lampenfiebers wird aber nicht als etwas Belastendes, sondern als eine positive Aufregung empfunden, die die eigene Produktivität und Leistung steigern kann. Auch beim Krafttraining ist der Körper durch die Belastung einem gewissen Stress ausgesetzt, jedoch führt dieser Stress nicht zu gesundheitlichen Nachteilen, sondern fördert die Gesundheit, wenn das Training richtig gestaltet wird. Der Sport kann als Herausforderung angesehen werden und steigert dadurch die Motivation und das Engagement.

Ist man dagegen permanent unterfordert, kann das zu Langeweile und Unzufriedenheit führen. Ein Arzt erzählte einmal auf einem seiner Seminare, dass er nach seinem Medizinstudium für bestimmte Forschungszwecke eine längere Zeit in Indien verbrachte. Er reiste viel durch das Land und beschäftigte sich mit Meditation, weil das in dieser Kultur sehr weit verbreitet ist. Er lernte viele Mönche kennen, die über viele Jahre lang meditierten, und der Großteil des Tages bestand aus Meditation und Stille. Er fand heraus, dass diese Praktiken einen positiven Effekt auf die Gesundheit hatten. Dies ist auch heute aus wissenschaftlicher Sicht eindeutig belegt, da Meditation einen Einfluss auf die Gehirnströme hat und für viele Menschen zur Routine geworden ist. Der Arzt fand aber auch heraus, dass der Sympathikus nicht mehr so effizient arbeitete, wie er eigentlich sollte. Ein Leben in vollkommener Stille und Passivität hat dazu geführt, dass der Teil des Nervensystems, der für Erregung und Aktivität verantwortlich ist, kaum mehr benutzt wurde und dadurch etwas verkümmert war, so als ob er irgendwie eingeschlafen wäre. Er erklärte, dass eine einseitige Lebensführung dazu führen kann, dass bestimmte Körperfunktionen nicht mehr richtig arbeiten, wenn sie zu wenig benutzt werden. Bei bestimmten Fitnessübungen verhält es sich ähnlich. Der Bizeps beugt den Arm und der Trizeps ist für die Streckung zuständig und wird als Antagonist (Gegenspieler) bezeichnet. Wenn das Training einseitig wird, sieht das nicht nur komisch aus, sondern kann auch zu einer Dysbalance führen, die wieder ausgeglichen werden muss.

Ist man hingegen auf eine gesunde Art gefordert und achtet darauf, dass man ausgeglichen ist, kann man seine Stärken gezielt einsetzen und in der Tätigkeit aufgehen. Die Person hat dann das Gefühl, dass die Zeit wie im Flug vergeht. Man spricht auch vom »Flow-Zustand«. Es sollte also eine Balance herrschen. Analog dazu können Sie das Gesagte bei Ihrer eigenen Entwicklung und dem Aufbau einer robusten Resilienz verwenden. Es kann als spannender Lernprozess angesehen werden, bei dem Sie immer wieder neue Sachen entdecken. Wenn Sie aber bemerken, dass sich eine zu große emotionale oder geistige Spannung aufbaut oder es zu einseitig wird, sind Sie wahrscheinlich zu verbissen unterwegs und machen sich negativen Stress. Wir müssen also auf die Signale des Körpers hören, da er wie ein feines Messinstrument funktioniert, das uns Feedback gibt, was uns gerade gut tut und was nicht. Der Körper lügt nicht. Vertrauen Sie ihm ruhig. Deshalb ist es auch wichtig, den eigenen Körper mit all seinen Facetten wieder mehr zu bewohnen.

Kapitel 3

Die Bausteine der Resilienz

Das Zusammenspiel verschiedener Faktoren

Wenden wir uns nun der praktischen Seite zum Aufbau der Resilienz zu. Dazu müssen wir an die Quelle gehen und uns fragen, wovon eine vernünftige Resilienz abhängt und wie man sie entwickelt. Um welche Praktiken und Elemente handelt es sich konkret? Ich habe die Erfahrung gemacht, dass die psychische Widerstandskraft sehr unterschiedlich aufgebaut werden kann. Da ich selber durch sehr herausfordernde Zeiten ging, musste ich herausfinden, was für mich funktioniert. Ich habe vieles ausprobiert und vieles wieder verworfen. Das, was für einen anderen Menschen hilfreich sein kann, ist für den anderen langatmig und ernüchternd. Ich habe auch andere Menschen beobachtet und festgestellt, dass es immer wiederkehrende Elemente sind, die vernachlässigt wurden – Elemente, die einen starken Menschen ausmachen und regelmäßig zum Ausdruck kommen. Sicher haben Sie schon in vielen Ratgebern gehört, dass es wichtig ist, Eigenverantwortung zu übernehmen und nicht in der Opferrolle zu sein. Wir alle kennen das. Jedoch war es für mich immer wichtig, herauszufinden, wie das Bild rund wird und welche Elemente es im Einzelnen braucht, um genügend Substanz und Stabilität zu erreichen. Ein Immunsystem, das halbwegs funktioniert, ist zwar nicht schlecht, aber auch nicht wirklich das, womit wir uns begnügen sollten. Warum sollten wir uns mit einem durchschnittlichen Niveau begnügen, wenn es möglich ist, noch weiter zu gehen, um eine nachhaltige Gesundheit zu erreichen? Vielleicht stellt sich hier die Frage, ob man zu viel Resilienz entwickeln kann. Nein, kann man nicht. Ebenso wenig, wie man zu gesund sein kann oder ein zu gut ausgebildetes Immunsystem haben kann. Das Gegenteil ist meistens der Fall. Es gibt viele Möglichkeiten, mit denen wir unser zweites Immunsystem aufbauen können. Wenn wir verstehen, welche Faktoren dazu notwendig sind, können wir sie gezielt nutzen und in unser Leben integrieren. In erster Linie geht es um bestimmte Charaktereigenschaften, die wir gezielt entwickeln können. Die Faktoren, von denen ich über die Jahre am meisten profitierte und die ich auch bei anderen beobachten konnte, werden hier als die Bausteine der Resilienz bezeichnet. Ich habe sie über die Jahre hinweg immer wieder getestet und dabei gesehen, dass sie auch in stürmischen Zeiten standhalten. Bestimmt gibt es noch andere Eigenschaften, die zum Aufbau einer starken Resilienz beitragen, aber ich halte die nachfolgenden für sehr hilfreich.

Es war an dieser Stelle meine Absicht, die nachfolgenden Erläuterungen und Methoden so zu veranschaulichen, dass sie für viele Lebensbereiche angewendet werden können, ganz gleich, ob es sich dabei um technisch veranlagte Menschen oder um bereits fortgeschrittene Leser handelt, die mit der Thematik schon näher vertraut sind.

Da ich selbst sehr lange in der technischen Branche gearbeitet habe, konnte ich einen umfassenden Einblick in diese Welt bekommen. Auch in diesen und anderen Branchen können diese Qualitäten von großem Nutzen sein. Oft ist es so, dass ein sehr rational denkender Mensch viele Dinge, die für ihn intuitiv nicht greifbar sind, von vornherein ablehnt. Es gibt aber auch einen Teil im Menschen, der genau weiß, worum es geht. Daher ist es auch sinnvoll, eine Brücke zu bauen, die sowohl den rationalen Teil als auch die Gefühlsebene im Menschen miteinander verbindet. Immer nur hochtrabende Wörter zu verwenden, die vielversprechend klingen, aber für die Praxis gänzlich ungeeignet sind, hat keinen Wert. Gehen wir also auch gleich zur Praxis über.

Die Faktoren, die hier als die Bausteine der Resilienz bezeichnet werden, sind:

Verantwortung
Souveränität
Akzeptanz
Entscheidungsfähigkeit
Abgrenzungsfähigkeit
Selbstmanagement

Jetzt werden wir jeden dieser einzelnen Punkte genauer untersuchen. Die Reihenfolge stellt keine Hierarchie dar. Es ist jedem selbst überlassen, wo er beginnen will.

Verantwortung

Vieles ist schon über das Thema der Verantwortung gesagt worden. In der heutigen Zeit gibt es wahrscheinlich keinen Ratgeber mehr, in dem der Begriff nicht auftaucht. Der Aufbau von Resilienz wäre ohne Verantwortung nicht denkbar. Leider kommt es hier oft zu einer Verwechslung. Der Begriff wird oft missverstanden, und darum soll zuerst erklärt werden, was Verantwortung nicht ist. Viele Leute verwechseln Verantwortung mit einer Schuld oder einer Pflicht. Es hört sich so an, als ob es sich um etwas handelt, das sehr belastend ist, und deshalb wollen viele keine Verantwortung mehr übernehmen. Der Begriff wird oft damit assoziiert, sich um andere zu kümmern und große Geschäfte zu leiten. Natürlich geschieht das in bestimmten Bereichen und ist wichtig. Hier soll es aber um die persönliche Verantwortung des Einzelnen gehen, was nicht heißt, sich für andere aufzuopfern.

Viele verbinden den Begriff auch mit Macht. Manche haben aber ein völlig falsches Bild von Macht und denken an Machtspiele und Unterdrückung. Das ist nicht die Form der Macht, die wir uns zunutze machen wollen. Verantwortung hat sehr viel mit Macht zu tun, aber wie immer gibt es auch hier wieder zwei Seiten einer Münze, weil alles in einer konstruktiven und destruktiven Art gelebt werden kann. Hier wird die Verantwortung jedoch so umgesetzt, dass Sie dazu fähig sind, sich aus der Ohnmacht zu befreien. Ohnmacht steht im wahrsten Sinne des Wortes dafür, ohne Macht zu sein oder sich machtlos oder hilflos zu fühlen. Aber wozu brauchen wir Macht? Soll die Macht nur dazu verwendet werden, andere zu kontrollieren? Verantwortung bedeutet im Wesentlichen, dass wir uns selbst ermächtigen, unser Leben wieder in die Hand zu nehmen. Wir erkennen, dass es möglich ist, für uns etwas zu tun und das eigene Leben wieder in eine bestimmte Richtung zu lenken. Wir warten nicht darauf, dass das Leben es für uns tut, sondern müssen es selbst tun. Wir dürfen auch nicht erwarten, dass es andere für uns tun. Andere Menschen sollten die Verantwortung für sich selbst tragen, und auch das ist den meisten schon zu viel. Wie können wir dann noch erwarten, dass sie es zusätzlich für uns tun? Durch die Selbstermächtigung haben wir die Möglichkeit, uns aus der Lethargie und der Passivität zu befreien. Wenn wir die Verantwortung abgeben, glauben wir, dass wir hilflos sind und in unserem Leben nichts ändern können. Das ist die Kernaussage von Verantwortung abgeben. Gleichzeitig geben wir aber auch unsere Macht ab. Wir geben dem Leben und anderen Menschen die Macht, über uns zu bestimmen, und landen am Ende wieder in der bekannten Opferrolle. Andere können uns dadurch mit ihrem Verhalten kontrollieren und wir sind ihnen teilweise schutzlos ausgeliefert und es gibt bekanntlich Menschen, welche die Hilflosigkeit von anderen maßlos ausnutzen. Solche Menschen können dann uneingeschränkt über das Leben des anderen bestimmen und derjenige, der seine Macht bereits abgegeben hat, fühlt sich nicht mehr in der Lage, etwas zu unternehmen.

Sie erkennen also, dass das ein Verhalten ist, das an die Kindheit erinnert. Von einem Kind ist das Thema von einer anderen Seite zu betrachten. Ein Kind ist abhängig von den Eltern, weil es sich viele Dinge nicht selbst geben kann und zumindest eine Zeit lang versorgt werden muss. Geschieht dies nicht, kann es sogar zum Tod des Kindes führen. Es ist schwer, als Kind wegzulaufen und komplett alleine für sich zu sorgen. Als Kinder sind wir sozusagen süchtig nach Aufmerksamkeit und Fürsorge. Leider werden solche Gewohnheiten ins Erwachsenenalter übernommen und dort weiterhin praktiziert. Es sind bestimmte Entwicklungsschritte im Prozess verloren gegangen und manche von uns erwarten, dass die anderen dazu da sind, die eigenen Wünsche zu erfüllen. Das ist aber ein Trugschluss.

Bestimmt haben Sie schon einmal von den Einweihungsriten verschiedener Naturvölker gehört. In diesen Stammeskulturen ist es üblich, ein Ritual in einem bestimmten Alter zu praktizieren. Wenn jemand das Alter erreicht hat, wird er von seinem Stamm dazu aufgefordert, eine Prüfung abzulegen – man nennt es auch eine Einweihung oder Initiation. Dies hat den Zweck, einen Übergang vom Jugendlichen zum Erwachsenen einzuleiten. Bei vielen Stämmen passiert das bei den Jungen schon mit 14 Jahren; also schon sehr früh. Bei dieser Prüfung wird der Junge auf das Erwachsen-Sein vorbereitet und lernt, auf eigenen Beinen zu stehen. Er entwickelt eine Vision für sein Leben und lernt, Verantwortung zu übernehmen. Es ist eine Zeit, in der er alleine ist und für sich selbst sorgen muss. Wenn er nach der bestandenen

Prüfung zurückkehrt, wird er in den Kreis der Männer aufgenommen und als Erwachsener gefeiert. Die genauen Abläufe einer solchen Einweihung würden hier den Rahmen sprengen, aber ich möchte an dieser Stelle daran erinnern, dass es in unserer modernen Gesellschaft an solchen Einweihungen fehlt. Zugegeben, manche sind recht brutal und nicht zu empfehlen, dennoch besteht in der virtuellen Welt, in der wir leben, ein Mangel an echten Rollenvorbildern und guten Mentoren. Der Prozess wird sich daher selbst überlassen. Der Übergang wird vernachlässigt und nicht richtig geleitet, und das ist einer der Hauptgründe, warum die Leute sich oft wie kleine Kinder benehmen. Schuldzuweisungen sind ja so viel einfacher, als sich selbst in die Pflicht zu nehmen. Wenn sich keine schuldige Person mehr finden lässt, dann ist es vielleicht das Schicksal oder Gott.

Niemand ist es uns schuldig, unsere Wünsche zu erfüllen. Als Erwachsener haben Sie keinen Anspruch auf das Leben und die permanente Versorgung anderer Menschen. Hier gibt es bestimmte Ausnahmen, wenn es sich z. B. um gesundheitliche Beeinträchtigungen oder spezielle Dinge handelt, aber das sollte für jeden logisch denkenden Menschen selbstverständlich sein, ansonsten können wir nicht einfordern, dass jeder das tut, was wir von ihm verlangen. Es ist legitim, bestimmte Wünsche auszusprechen und auf eine Antwort zu warten. Wir können aber dem anderen nicht unseren Willen aufzwingen. In vielen Fällen ist es so, dass wir von anderen immer genau das einfordern, was wir uns selbst nicht geben können. Damit sind Dinge gemeint, die das Innenleben betreffen, wie Anerkennung und Aufmerksamkeit. Solche Bedürfnisse sind wichtig, aber man darf sich nicht davon abhängig machen. Würde sich daraus eine Abhängigkeit entwickeln, wären die anderen Menschen nur die »Erfüllungsgehilfen«. Wenn ich Wünsche habe, liegt es an mir, nach Möglichkeiten zu suchen, wie ich sie verwirklichen kann. Ich muss mich in die Verantwortung nehmen und einen geeigneten Plan entwickeln. Dabei ist es nicht so wichtig, dass ich von Anfang an alle Antworten und Möglichkeiten sehe. Ich sollte mir aber klar machen, dass ich einen Weg finden kann, auch wenn ich ihn nicht genau kenne. Ich muss nicht alles alleine schaffen und kann mir jederzeit Hilfe holen. Es sollte aber auch im Interesse der anderen Person sein, mir zu helfen.

Verantwortung heißt aber noch etwas anderes und im Englischen wird es noch klarer. Da nennt man es »responsibility«. Das heißt übersetzt: »Die Fähigkeit zu antworten.« Es heißt, mir selbst Rede und Antwort zu stehen. Damit ist gemeint, dass ich mir selbst Rechenschaft ablegen soll, wenn in meinem Leben bestimmte Dinge nicht gut laufen. Ich bin die erste Anlaufstelle, wenn es darum geht, eine Sache zu analysieren, um herauszufinden, was es damit auf sich hat. Wenn ich damit nicht weiterkomme, kann ich mir natürlich Hilfe holen. Ich sollte mir aber die Frage stellen: »Was hat das alles genau mit mir zu tun?«

Alles in Ihrem Leben hat irgendwie mit Ihnen selbst zu tun, auch wenn es für Sie nicht danach aussieht. Oft meinen wir, dass der andere Schuld an unserer Situation ist. Verantwortung übernehmen heißt aber zu erkennen, dass, wo immer wir gerade im Leben stehen, es in erster Linie unser Werk war. Es ist nicht sinnvoll, sich selbst zu verurteilen, aber wir müssen erkennen, dass wir an der Sache, ob bewusst oder unbewusst, beteiligt waren.

Ich glaube nicht an Zufälle. Zufall ist nur das Wort für ein für uns unbekanntes Gesetz, das im Hintergrund wirkt. Gefällt uns das Ergebnis, wird es Glück genannt – gefällt es uns nicht, wird es Pech oder sonst wie genannt. Wir sollten uns also bei der Entwicklung von Verantwortungsbewusstsein immer wieder daran erinnern, dass die Dinge und Umstände, die wir in unserem Leben vorfinden, irgendetwas mit uns selbst zu tun haben und nicht zufällig da sind. Beim nächsten Schritt machen wir uns klar, dass es an uns liegt, etwas zu ändern. Es ist ratsam, sich darüber Gedanken zu machen oder die ersten kleinen Schritte zu unternehmen.

Wichtig ist hierbei auch immer, dass wir gefühlsmäßig erfahren, was Verantwortung bedeutet. Ansonsten bleibt es bloß ein Konzept, das aus Wörtern besteht. Wir müssen nach innen an unsere Ressourcen gehen und nach einem Zugang zu unserer Kraft suchen. Wie fühlt sich Verantwortung überhaupt an? Wie kann uns das im Leben helfen? Erinnern Sie sich an eine bestimmte Situation in Ihrem Leben, wo Sie sich kraftvoll und mutig gefühlt haben! Wie haben Sie damals gehandelt? Sie haben sich sicher nicht in das Bett verkrochen und hilflos gewartet, bis jemand kommt, sondern waren entschlossen, die Sache anzupacken. Wie war Ihre Körperhaltung? Wie war Ihre geistige Haltung? Was hatten Sie in dem Moment für eine Ausstrahlung? Erinnern Sie sich. Vielleicht ist es Ihnen auch möglich, mit ein paar tiefen Atemzügen wieder in diesen Zustand zu kommen. Auch wenn es nicht auf Anhieb gelingt, kann es sehr nützlich sein, sich wieder darauf einzustimmen. Werden Sie immer präsenter mit Ihrer Verantwortung, und Sie werden merken, wie die Leute Sie nach einer Weile anders wahrnehmen werden.

Die Welt ist wie ein Kindergarten

Dieser Satz war das Thema in einem Interview, das ich vor langer Zeit einmal gesehen habe und das auch heute noch sehr aktuell ist und auf jeder Ebene zu sehen ist. Es ging um verschiedene Unternehmen, Mitarbeiterführung und die damit verbundenen Aufgaben. Es ist sehr auffällig, dass ein Mangel an Verantwortung gerade an der Basis fehlt. Ich habe selbst lange in Produktionsstätten gearbeitet, sodass ich rückblickend vieles darüber berichten könnte. Es gibt Abläufe, die nahezu reibungslos funktionieren und auch vorbildlich sind. Ganz anders verhält es sich, wenn Fehler vorkommen. Es wird dann immer gleich ein Schuldiger gesucht, weil es ja einer gewesen sein muss. »Jemand muss Schuld sein«, hieß es oft. Das Problem wird lieber unter den Teppich gekehrt, anstatt sich näher damit zu befassen. Warum aber sollte sich jemand damit befassen wollen? Um von seinem schlecht gelaunten Chef gedemütigt zu werden. In der Arbeitswelt ist es offensichtlich, wer verantwortungsvoll handelt und wer nicht. Bedenken Sie Folgendes: Wenn Sie vor einem Problem fortwährend weglaufen, schwächen Sie sich selbst. Sie weigern sich, genauer hinzuschauen, um zu erkennen, dass es etwas mit Ihnen zu tun hat. Wenn Sie den Kopf in den Sand stecken und die Augen verschließen, schwächt das Ihr Selbstvertrauen. Das Verhalten ist immer eine Konsequenz der inneren Haltung, denn es sind hauptsächlich die Gedanken und Emotionen, die im Verhalten verankert sind. Was könnte die innere Haltung eines Menschen sein, der Probleme gerne unter den Teppich kehrt und auch Mühe hat, sich selbst und den anderen etwas einzugestehen? Er könnte zum Beispiel glauben: »So wie ich bin, bin ich nicht gut genug, um das Problem zu lösen, also versuche ich es erst gar nicht.« Er könnte aber auch denken: »Ich bin es mir nicht wert, mich zu verbessern, darum überlasse ich es einem anderen.« Auch wenn Sie es in dem Moment nicht direkt so wahrnehmen – Ihre Selbstachtung nimmt es wahr und gibt Ihnen langfristig entsprechendes Feedback.

Das Wort »Schuld« kann hier schnell zur Normalität werden; man könnte sogar meinen, dass es ein fester Bestandteil der Unternehmenskultur ist. Viele Mitarbeiter fürchten sich davor, einen Fehler zu machen, da dies heißen könnte, vom Vorgesetzten oder den anderen Kollegen bloßgestellt zu werden. Ich habe in meiner alten Firma sehr selten etwas von Verantwortung gehört, obwohl es eigentlich zu den Aufgaben im Team gehört, dieses Konzept zu verbreiten. Wenn das Wort fiel, hatte es immer etwas mit Geld zu tun oder mit einer neuen großen Anschaffung. Wahrscheinlich ist das einer der Gründe, warum viele Leute eine negative Ansicht zu dem Thema haben. Es würde heißen, dass man sich immer gleichzeitig um viele Angelegenheiten kümmern muss und auch die ganze Last auf den eigenen Schultern trägt. Das klingt nicht sonderlich angenehm und kann auf zarte Gemüter abschreckend wirken. Obwohl es in modernen Unternehmen Seminare für Führungskräfte gibt, ist Verantwortung für viele ein Graus. Offenbar nimmt man an, dass es immer mit einer Gehaltserhöhung einhergehen muss, um sich darauf einzulassen. Die Wahrheit ist aber, dass Sie dabei nur gewinnen können. Sie befreien sich aus der Opferhaltung, die Sie vielleicht bisher im Griff hatte, und unternehmen wieder machbare Schritte, um das Leben neu zu gestalten. Sie kommen wieder in Aktion und haben langsam wieder das Gefühl, dass Sie Ihr Leben kontrollieren können. Jemand, der verantwortungsvoll lebt, kann auch anderen beweisen, dass dies möglich ist, ohne sich für andere aufzuopfern, und geschafft von der Arbeit nach Hause zu kommen. Es müssen auch nicht immer gleich große Taten vollbracht werden, um zu demonstrieren, dass man Verantwortung übernimmt. Es reicht für den Anfang, wenn man bereits im Geiste eine andere Sichtweise einnimmt und so von der Kraft seiner neuen Gedanken profitiert. Wie das Wort beschreibt, fängt die Opfermentalität bereits im Kopf an. Wenn jemand schon denkt, dass er zu nichts imstande ist und sich um nichts mehr kümmern will, kann das bereits die kleinsten Veränderungen, die eigentlich machbar wären, im Urkeim ersticken. »Wer viel macht, kann viel falsch machen. Wer nichts macht, kann nichts falsch machen.« So könnte das Motto eines Menschen lauten, der nicht am Leben teilnehmen will.

Jede Veränderung beginnt mit kleinen Schritten in uns selbst. Wenn bestimmte Gedankengänge zusammengefügt werden, kann daraus eine neue Idee entstehen, die zum Handeln motiviert, und somit entsteht auch ein neues Verantwortungsgefühl, das sich auch auf die Resilienz auswirkt. Je öfter man sich mit einer bestimmten Thematik auseinandersetzt, umso mehr Punkte gehen auf das Konto der Verantwortung. Kümmern wir uns hingegen nicht um Dinge, die uns etwas angehen, und verschließen die Augen davor, erschaffen wir eine innere Haltung, die dem Aufbau der Verantwortung zuwiderläuft. Es ist nicht nötig, sich rund um die Uhr zu überwachen, um zu merken, ob man gerade in seiner Kompetenz ist oder nicht. Wie immer geht es um zunehmende Selbstreflexion. Es hat damit zu tun, ein Bewusstsein dafür zu schaffen, wie man selbst durch das Leben geht, um dabei bestimmte Korrekturen vorzunehmen – im Innen, aber auch im Außen.

Wenn hier die Wichtigkeit der Eigenverantwortung betont wird, soll das aber nicht bedeuten, dass wir nicht aufgrund eines schweren Lebensumstandes oder durch ein betrügerisches Verhalten einer anderen Person leiden können und es dadurch schwer haben, da wieder herauszukommen. Manche Dinge können wir beeinflussen, andere nicht. Es ist auch nicht damit getan, sich an einer Person zu rächen, die einem übel mitgespielt hat, wie das nachfolgende Beispiel zeigt.

Ich habe von einem Mann aus Wien gehört, der für sich und seine Familie eine Reihenhausanlage bauen wollte. Er wollte aus der Großstadt ziehen und eine ruhige Gegend aufsuchen. Dazu hatte er eine Baufirma beauftragt, die das Projekt leiten sollte, doch schon nach kurzer Zeit kam es zu Bauverzögerungen. Der Mann hatte dem Baumeister eine große Summe Geld zukommen lassen, damit er mit dem Bau beginnen kann. Nach einer gewissen Zeit kamen angeblich Beschwerden von den Nachbarn hinzu und die Bauarbeiten wurden umgehend eingestellt. Der Familienvater war misstrauisch und fuhr selbst zu der Baustelle, um sich selbst ein Bild davon zu machen. Auf der Baustelle waren die Fortschritte kaum sichtbar. Es wurde bereits eine ordentliche Summe Geld ausgegeben, aber auf der Baustelle war davon kaum etwas zu sehen. Er setzte sich mit einem anderen Baumeister in Verbindung und ließ die Baustelle untersuchen. Der zweite Baumeister erklärte ihm, dass die Baufortschritte mit den Ausgaben nicht übereinstimmen konnten und man von einem Betrug ausgehen kann. Der zuständige Bauleiter war telefonisch nicht mehr zu erreichen und ließ auch nichts mehr von sich hören. Der geplante Bau verzögerte sich viele Monate und verlief schließlich im Sande. Bei den Untersuchungen kam heraus, dass über eine halbe Million Euro verloren ging. Der Mann hatte zugegeben, dass ihm die Baufirma, die er beauftragt hatte, schon zu Beginn etwas unseriös vorkam und es besser gewesen wäre, ein Leumundszeugnis zu verlangen. Später fand der Familienvater heraus, dass der beauftragte Baumeister in der Vergangenheit ebenfalls bis zu zehn andere Kunden betrogen hatte.

Wenn jemand geschädigt ist und in so einem Fall beschließen würde, Rache zu üben, wird er dadurch die Vergangenheit auch nicht ändern können. Rache ist zwar eine starke Motivation, aber ein schlechter Ratgeber. Ein altes Sprichwort sagt, dass Bereuen tötet. Die alten Weisheitslehrer raten uns, in solchen Fällen mit der Vergangenheit abzuschließen und wieder nach vorne zu schauen. Schließlich gibt es das Gesetz des Karmas, das besagt, dass alle Taten auch Konsequenzen haben. Es ist keine Strafe, sorgt aber für einen Ausgleich. Das Leben ist eine Schule und nimmt jeden Menschen in die Lehre. Was geschehen soll, wird geschehen. Aber genug der Philosophie.

Wie an diesem Beispiel zu sehen ist, gibt es bestimmte Dinge, die sich der persönlichen Kontrolle und Einflusssphäre entziehen. Es gibt Bereiche, in denen wir alles daran setzen, dass es uns gut geht oder alles gelingen möge, was geplant war, doch oft sind zu viele Faktoren im Spiel, die unsere Entscheidungen beeinflussen. Bei manchen Dingen müssen wir einen Vertrauensvorschuss walten lassen, ohne genau zu wissen, was in der Zukunft passieren wird. Jemand, der einen vertrauenswürdigen Politiker gewählt hat, der seine Versprechen nicht einlöst, sollte sich deswegen auch nicht verteufeln. Die Abläufe, die hier im Hintergrund passieren, sind bei der persönlichen Entscheidung nicht offensichtlich. In solchen Fällen mit der Realität zu streiten, wäre schädlich für den Selbstwert. Wo es keine umfassende Kontrolle gibt, kann es keine umfassende Verantwortung geben.

Abschließend möchte ich noch sagen, dass es das Prinzip der »Mitverantwortung« gibt. Das ist so zu verstehen, dass uns nicht alles egal sein sollte, was in der Welt passiert. Der Einzelne kann zwar nicht die ganze Welt retten, aber er kann gewisse Schritte unternehmen, um Teil der Lösung zu sein. Es gibt z. B. die Möglichkeit, etwas zu spenden oder Aufklärung zu betreiben. Es ist möglich, seine Hilfe anzubieten und Impulse zu setzen. Es müssen nicht immer die großen Ambitionen sein, die einen Unterschied ausmachen. Manche Leute glauben das. Es sind aber oft die kleinen Dinge von einfachen Menschen, die einen Unterschied ausmachen. Einfache Dinge von Güte und Mitgefühl. Wenn ich dem Blinden über die Straße helfe, habe ich schon mehr getan, als wenn ich vor dem Fernseher sitze und mich über den Krieg aufrege. Wenn ich weiß, dass für bestimmte Kleidung, die ich regelmäßig kaufe, Kinder in armen Ländern ausgebeutet werden, kann ich darüber nachdenken, ob ich zu den Leuten gehören will, die für die hohe Nachfrage des Produktes mitverantwortlich sind. Wenn ich sehe, dass es jemandem nicht gut geht, kann ich ihm mit meinem Wissen zur Seite stehen und ihm einen Teil meiner Zeit schenken, ohne gleich dafür eine Gegenleistung zu verlangen. Wir können also global denken und lokal handeln. Wir sind also alle in einer gewissen Weise mitverantwortlich für unsere Umwelt, ob bewusst oder unbewusst. Statt Umwelt können wir auch »Mitwelt« sagen. Das schafft ein besseres Bewusstsein und wir begreifen uns als Teil der Welt.

Souveränität

Souveränität stammt vom französischen Wort »souverain« und vom Lateinischen »superanus« *ab*, was so viel wie »darüber« heißt. Der Begriff wird vor allem im politischen Kontext verwendet. Ein souveräner Staat bestimmt selbst, was intern sowie in den Beziehungen zu anderen Staaten geschehen soll. Der Staat hat die Macht, die Gesetze und die Regierungsformen selbst zu bestimmen, ohne dass sich, bis auf manche Ausnahmen, fremde Staaten einmischen dürfen. Diese Erklärung kann einen Hinweis darauf liefern, was Souveränität mit dem Aufbau der Resilienz zu tun hat. Hier geht es nicht darum, was ein Staat für Sie tun kann, sondern darum, was Sie selbst für sich tun können. Hier steht das Individuum im Vordergrund – der einzelne Mensch also. Der Begriff taucht im Alltag nicht so häufig auf. Er ist oft im Sport zu hören, wenn eine gute Leistung erbracht wird. Wenn ein schwieriges Hindernis überwunden wird, spricht man oft von einer souveränen Leistung, oder wenn der Ball stilvoll an der gegnerischen Mannschaft vorbei manövriert wurde. Es hat also etwas mit einem Talent zu tun.

Wie kann also die Souveränität für den Aufbau einer stabilen Resilienz genutzt werden? Auf den ersten Blick sieht es nach äußerlichen Verhaltensweisen aus, doch in unserem Fall werden wir an der inneren Souveränität arbeiten. Am Beispiel des Staates kann man sehen, dass es sich hier um ein zentrales Thema handelt: Selbstbestimmtheit. Und das steht mit einer bestimmten Autorität in Verbindung. Resilienz in Verbindung mit der individuellen Souveränität setzt voraus, ein selbstbestimmtes Leben zu führen, ohne dass sich ein anderer Mensch groß einmischt. Das Ganze hat aber einen Haken, da wir niemals davon ausgehen können, dass andere uns komplett in Ruhe lassen werden. Wir befinden uns ständig im Austausch mit unserer »Mitwelt« und da wird es schwierig, ein Leben als Einsiedler zu führen. Wir sind oft auf die Hilfe von anderen angewiesen, jedoch können wir bestimmen, wie wir der Welt gegenübertreten. Eine Gesellschaft ohne Autoritäten gibt es nicht. In jedem Lebensbereich finden wir Leute, die über andere Leute herrschen und das Sagen haben. Das geht auch so weit, dass es zur Unterdrückung und Ausbeutung kommt. In unserem Fall muss das aber nicht so sein. Das Prinzip der Souveränität kann auch so verwendet werden, dass es uns hilft, innerlich aufzustehen. Es heißt mit anderen Worten, für uns selbst einzustehen und uns zu behaupten. Es hat wie immer mit der inneren Haltung zu tun. Die innere Haltung ist etwas, was sich in diesem Buch wie ein roter Faden durchzieht und die tragende Rolle bei der Resilienz spielt – im Gegensatz zu banalen Äußerlichkeiten und schnellen Tricks.

Werden wir etwas konkreter.

Vielleicht kennen Sie die eine oder andere Person, die sich von anderen Leuten unterdrücken lässt. Das geht auch so weit, dass die Person von vielen ausgenutzt und herumkommandiert wird. Die Angst, etwas zu sagen und für sich selbst einzustehen, überwiegt und der innere Druck wird immer größer. Mobbing ist hier ein berühmtes Beispiel. Das Mobbingopfer sieht keine Chance, sich zu wehren, und es empfindet eine Übermacht gegen sich. Wie würde sich hier eine souveräne Person zeigen? Bei einer Person, die ihre innere Souveränität gefunden hat, würde sich wohl kaum so eine Situation ergeben. Diese Person strahlt nämlich eine gewisse Kraft aus und behält auch in schwierigen Situationen den Überblick. Souveränität beinhaltet in der Essenz, dass wir keine Autorität akzeptieren, die unser Leben bestimmt, unterdrückt oder einschränkt. Hier stellt sich die Frage, wie es aber mit vertraglich geregelten Situationen ist, wie z. B. in der Berufswelt. Wenn wir in einem Dienstverhältnis sind, gibt es auch vertragliche Vereinbarungen, die erfüllt werden müssen. Natürlich müssen die Vereinbarungen berücksichtigt werden, doch bei der Souveränität wird die menschliche Würde bedacht und nicht durch Autoritäten untergraben. Wenn Sie einen tyrannischen Chef haben, verwenden Sie Ihre innere Souveränität, um sich zu behaupten. Ihr Vorgesetzter ist zwar in der Hierarchie höhergestellt als Sie, das heißt aber nicht, dass das auf menschlicher Ebene auch der Fall ist. Der Vorgesetzte mag noch so einen hohen Rang haben, auf der Ebene der persönlichen Würde sind Menschen aber gleichwertig. Sie können sich zu Ihrem Wert als Mensch bekennen und sich daran erinnern, dass Sie das Recht haben, mit Achtung und Respekt behandelt zu werden, unabhängig davon, wer vor Ihnen steht. Wenn Sie von jemandem schlecht behandelt werden, den Sie gerade erst kennengelernt haben, sagt das über ihn etwas aus und nicht über Sie. Eine legitime Autorität sollte schon respektiert werden und es sollte nicht versucht werden, sich über den eigenen Chef zu erheben. Sie können aber darauf bestehen, fair behandelt zu werden und notfalls für sich und Ihre Werte zu kämpfen, unabhängig davon, welches Verhältnis vorliegt. Das ist auch im privaten Umfeld der Fall.

Ich habe einmal von einem Coach gehört, der eine besonders interessante Art hatte, seine Definition von Souveränität zu erklären. Für ihn heißt Souveränität, kein Sklave zu sein. Bei einem großen Mangel davon sprach er von der Sklavenmentalität. Sie können also versuchen, einen Menschen, der einen höheren Status als Sie selbst hat, nicht mehr nur als reich, schön und berühmt zu sehen, sondern auf der menschlichen Ebene wahrzunehmen. Das Problem ist, dass viele Leute jemanden mit einem hohen Status auf ein Podest stellen und ihn als wertvoller ansehen. Nur weil jemand viel Geld hat, heißt das noch lange nicht, dass er mehr wert ist als ein einfacher Mensch. Ein höherer Status gibt jemandem auch nicht das Recht, andere zu unterdrücken und auszubeuten.

Sie sollten hier verstehen, dass Status, Erfolg und hohe Positionen nicht dazu berechtigen, andere Menschen in irgendeiner Form zu unterdrücken und auf der persönlichen Ebene anzugreifen. Hierarchien werden von Menschen gemacht und werden oft dazu missbraucht, andere Menschen kleinzuhalten. Wenn Sie Ihre Souveränität erklären, ist das eine Form der Selbstermächtigung, genauso wie es bei der Verantwortung der Fall ist.

Nehmen wir wieder das Beispiel des tyrannischen Vorgesetzten. Wussten Sie, dass einige Führungskräfte Psychopathen sind und zudem noch cholerisch? Sie dürfen ansprechen, wenn Sie sich ungerecht behandelt fühlen, denn Sie haben das Recht dazu, auch wenn der Chef im teuren Anzug das Gegenteil behauptet. Durch die Souveränität erkennen Sie, dass Sie genauso Rechte haben wie alle anderen und diese auch angemessen zum Ausdruck bringen dürfen. Versuchen Sie innerlich zu wachsen und nehmen Sie eine andere Position ein, bis der andere nicht mehr so groß erscheint. Bei konsequenter Übung wird der Vorgesetzte nicht mehr so groß wirken, auch wenn Sie seine Autorität respektieren. Vielleicht wird er Ihnen zunehmend als Mensch vorkommen, der auch unter Druck steht und seine eigenen Probleme hat? Vielleicht ist er von seinen inneren Antreibern getrieben, die ihn belasten? Über die inneren Antreiber werden wir im nächsten Kapitel ausführlich sprechen. Wahrscheinlich ist der Chef gar nicht so stark, wie er sich nach außen hin präsentiert, sondern versucht einfach nur, seine Schwäche zu kompensieren. Möglicherweise hat der Choleriker auch nur Angst.

Aus der Psychologie ist bekannt, dass hinter jeder Emotion eine Ursache steht. Hinter der Wut kann auch eine unerlöste Angst stehen, die in der Vergangenheit nicht aufgearbeitet wurde. Der Choleriker könnte die Tendenz zum Schreien schon in der Kindheit entwickelt haben. Es kann die Möglichkeit bestehen, dass er als Kind ignoriert und vernachlässigt wurde. Um auf sich aufmerksam zu machen, war die Lösung, laut zu schreien. Aus der Angst, nicht gehört zu werden, könnte er also die Tendenz zum Schreien entwickelt haben. Diese »Strategie«, wie man es oft nennt, hat er mit in das Erwachse-

nenleben genommen und weiß vielleicht selbst nicht
mehr genau, wo dieses Verhalten eigentlich herkommt.
Dinge zu verdrängen, ist bei den meisten sehr häufig und
sicherlich kein Einzelfall. Die verdrängten Seiten sind
aber nicht wirklich verschwunden; sie haben nur die Ge-
stalt und Form gewechselt und kommen irgendwann wieder an die Oberfläche.

»Ich wünsche niemandem etwas Schlechtes. Ich wünsche
manchen Menschen nur, dass sie sich selbst begegnen.«
- Unbekannt

Dieses Beispiel soll Ihnen zeigen, dass sich hinter einem
lauten und nach außen hin starken Chef in Wahrheit ein
Mensch verstecken könnte, der seine verletzte Seele nicht
geheilt hat.

Wenn die Dinge so betrachtet werden, verlieren wir
zunehmend die Angst vor Menschen, denen wir so viel
Macht über uns geben. Es liegen oft viel zu wenig Informationen über jemanden vor, um zu verstehen, warum jemand so ist, wie er ist. Die Tiefenpsychologie bietet hier
eine wunderbare Möglichkeit, den Menschen ganzheitlich zu verstehen und hinter die Fassade zu blicken. Jedoch ist ein Mensch so komplex, dass wir niemals alles
verstehen können. Es ist aber nicht unsere Aufgabe, jeden
Menschen zu analysieren und ein psychologisches Profil
zu erstellen. Vielmehr geht es darum, mit der jeweiligen
Situation fertig zu werden und wichtige Entscheidungen
zu treffen. Der tyrannische Vorgesetzte bringt seinen Mitarbeitern auch nicht die Empathie und die Wertschätzung

entgegen, die sie eigentlich verdient hätten. Er interessiert sich auch nicht für das Privatleben und die Kindheit seiner Mitarbeiter. Manchmal ist es auch besser, eine Sache zu beenden, als zu versuchen, alles geradezubiegen.

Souveränität ist auch eine Form der Unabhängigkeit. Damit soll aber nicht gemeint sein, dass sich jemand so unabhängig macht, dass er zum Eremiten mutiert und nur noch in seinem selbst erbauten Turm lebt und sich überhaupt nicht mehr um die Welt schert. Unabhängigkeit ist eine gute Sache, doch man kann es auch übertreiben. Ratsam ist wie immer, einen Mittelweg zu finden. Die Außenwelt ist wichtig, weil sie dem Mensch als Feedback dient. Ohne diese Interaktion wird es schwer werden, Neues zu erlernen. Wenn jemand auf uns herumtrampelt, können wir uns fragen, warum es überhaupt so weit gekommen ist und warum wir das überhaupt über uns ergehen lassen. Das Feedback bietet uns also die Chance, zu erkennen, woran wir arbeiten sollten. Wie Innen- und Außenwelt zusammenhängen, werden wir im letzten Kapitel näher behandeln.

Ich hoffe, Sie haben jetzt eine intuitive Ahnung davon, warum Souveränität ein zentrales Thema ist, das alle betrifft. Zusammenfassend lässt sich also sagen, dass der Zweck nicht darin besteht, sich gegen jede Form von Autorität aufzulehnen, sondern zu überprüfen, ob eine Form der Unterdrückung oder gewisse Machtspiele am Werk sind, die das persönliche Wachstum behindern. Wir machen uns nochmal klar, dass wir das Recht haben, mit Würde und Respekt behandelt zu werden und uns nicht zum Sklaven machen müssen, unabhängig davon, welche

Position, welchen Status und welche Macht eine Person hat. Auch das Vermögen eines anderen berechtigt nicht dazu, jemanden mit einem Durchschnittseinkommen zu schikanieren oder zu demütigen. Eine souveräne Person erkennt eine solche Machtausübung im Voraus und behält auch in solchen Fällen den Überblick, auch wenn nicht gleich alle Lösungen in den Sinn kommen. Es ist ein Grundgefühl vorhanden, das uns warnt, wenn jemand die persönliche Würde und Freiheit angreift.

Gründen Sie also in Ihrer Innenwelt eine Monarchie und entscheiden Sie selbst, wie Sie das Leben gestalten wollen.

Akzeptanz

Wer sich nicht selbst akzeptiert, kann keine wirkliche Resilienz haben. Die Akzeptanz wird auch hier von beiden Seiten untersucht. Einerseits ist die Fähigkeit, sich selbst zu akzeptieren, eine Grundbedingung, um mit sich ins Reine zu kommen. Auf der anderen Seite ist Akzeptanz auch nach außen auf bestimmte Umstände gerichtet.

Auch bei diesem Begriff gibt es sehr viele Missverständnisse. Um etwas verstehen zu können, ist es immer hilfreich, sich auch die Gegenseite anzuschauen. Während die Souveränität etwas ist, das wir mehr mit der inneren Einstellung erfahren, ist das Akzeptieren etwas, das wir bewusst tun. Jeder von uns kennt den Begriff, doch ich habe immer wieder festgestellt, dass er falsch verwendet wird. Wenn jemand von »Akzeptieren« spricht, ist fälschlicherweise damit gemeint, etwas gut zu finden. Akzeptanz darf nicht mit »mögen« oder einer guten Bewertung gleichgesetzt werden, denn das sorgt für Verwirrung. Etwas zu akzeptieren, heißt lediglich: »Die Annahme von dem, was ist.« Das klingt sehr einfach, kann aber in der Praxis ungemein schwierig sein.

Ich muss zugeben, dass das Konzept der Akzeptanz oft schwierig zu erklären ist und sich dabei oft lange Diskussionen ergeben können, da es sich im ersten Moment wie ein Widerspruch anhört. Vielleicht fragen Sie sich jetzt: »Wie kann ich etwas an mir akzeptieren, das ich nicht mag?« Und genau hier liegt der Schlüssel. Ich möchte Ihnen eine Frage stellen. Angenommen, Sie kämpfen schon länger mit einem Problem und möchten es loswerden. Sie haben schon alles Mögliche unternommen und hart dagegen gekämpft, und trotzdem scheint es wie ein böser Fluch auf Ihnen zu liegen. Die Lösungsschritte, die Sie unternommen haben, wurden zwar kurzfristig belohnt, aber im Grunde genommen ist das Problem noch immer sehr präsent in Ihrem Leben und Sie wissen nicht mehr, woran das nun liegen könnte. Wenn Sie hören würden, dass der erste Schritt darin liegt, Ihr Problem zu akzeptieren, würden Sie diese Aussage als richtig oder als falsch bezeichnen? Halten Sie einen Moment inne und beantworten Sie für sich diese Frage. Die meisten Menschen würden diesen Schritt ablehnen, weil das heißen würde, das eigene Problem zu akzeptieren und so stehen zu lassen. »Damit würde ich Ja dazu sagen, auch wenn die Sache schlecht ist«, hört man von den meisten. In Wahrheit ist der erste Schritt aber ein klares »Ja« zu dem Thema. Ja zu sagen, bedeutet nicht, etwas schönzureden oder gut zu finden, sondern die Sache einfach nur anzunehmen und vorerst okay damit zu sein, auch wenn es einem in dem Moment nicht gefällt. Im Moment sind die Dinge so, wie sie nunmal sind – nicht wie sie nächste Woche oder in drei Monaten sind, sondern so, wie sie eben jetzt gerade sind. Durch die Annahme wird der Weg für Veränderung freigemacht. Akzeptieren heißt auch in vielen Fällen, sich mit einer Thematik auseinanderzusetzen und anzuerkennen, dass das, was ist, ist. Es heißt also, der Realität ins Auge zu blicken, anstatt von ihr davonzulaufen.

Akzeptieren schließt auch mit ein, dass die Vergangenheit nicht mehr ungeschehen gemacht werden kann, und zu erkennen, dass die Wünsche und Erwartungen im eigenen Leben bis jetzt noch nicht eingetroffen sind, was aber nicht heißen soll, dass das in Zukunft nicht passieren kann. Es geht bei der Akzeptanz grundsätzlich um das Jetzt. Das Jetzt anzuerkennen, so wie es nun einmal ist, und es nicht zu leugnen, schafft Platz für die Veränderung. Wenn möglich, sollte dabei auf eine negative Bewertung verzichtet werden. Es ist möglich, etwas anzuerkennen, ohne es zu bewerten. Wenn wir einen Menschen sehen, der uns optisch nicht anspricht, können wir ihn trotzdem akzeptieren, ohne ihn im nächsten Atemzug für sein Aussehen zu beurteilen, doch oft bleibt es nicht bei einem einfachen Urteil. Gegen eine kurze Bewertung spricht nichts dagegen, schließlich müssen wir ja entscheiden, was stimmig für uns ist und was nicht. Wir gehen aber meistens einen Schritt weiter und beginnen zu verurteilen. Mit dieser Verurteilung gehen wir jedoch in den Widerstand und erreichen am Ende gar nichts, außer, dass sich unsere Stimmung und auch die des anderen verschlechtert.

Wir leben in einer Zeit, in der jeder über den anderen gerne urteilt, ohne dass wir die Person überhaupt näher kennen. Bei dem Volk der Sioux-Indianer sagt man: »Verurteile niemanden, in dessen Mokassins du nicht zwei Wochen gelaufen bist.« Wenn wir etwas vehement ablehnen und dadurch unseren Fokus ständig darauf gerichtet haben, kann es unser Leben nicht verlassen. Denken Sie genau darüber nach. Wenn Sie zu einer bestimmten Sache aufgebracht und auch emotionsgeladen »Nein« sagen, sagen Sie eigentlich »Ja« dazu. Sie versorgen die Sache mit einer starken negativen Energie, und das bewirkt, dass Sie genau in diesem Konflikt stecken bleiben. Solange der Fokus darauf gerichtet ist, wird sich der Konflikt nicht auflösen. Sie verwenden Ihre ganze Energie darauf, gegen den Widerstand zu kämpfen, der sich aber genau deshalb nicht lösen kann. Widerstand zu leisten, ist unter bestimmten Umständen legitim, nicht aber in diesem Fall. Hier kann Widerstand bedeuten, sich selbst zu zerstören.

Zunächst einmal wollen wir uns mehr der Selbstakzeptanz zuwenden, weil hier immer die Verbindung zur Resilienz zu finden ist. Es besteht durchaus die Möglichkeit, dass Sie gegen das Wort »Akzeptanz« eine gewisse Abneigung verspüren, da Sie das Wort mit allen möglichen Erfahrungen in Verbindung bringen, die Ihnen nicht gefallen könnten. Möglicherweise kann mit dem Wort »Annahme« besser gearbeitet werden. Hier regt sich im Normalfall nicht gleich so viel innerer Widerstand. Bei großem inneren Widerstand können Sie davon ausgehen, dass eine starke Konditionierung im Hintergrund wirkt, die Sie davon abhält, sich mehr mit der Idee der Selbstakzeptanz vertraut zu machen. Wenn es für Sie also leichter fällt, können Sie auch von Annahme sprechen. Im Grunde genommen sind Wörter nicht das Wichtigste, sondern die Bedeutung, die wir ihnen geben. Ich verwende hier aber beide Begriffe, damit auch dem Unterbewusstsein eingeprägt wird, dass Akzeptanz hilfreich sein kann.

Ein Beispiel:
Schon als Jugendlicher entwickelte ich eine Leidenschaft für Kraftsport. Ich ging sehr oft in das Fitnesscenter und war auch ganz zufrieden mit meinen Leistungen. Ich sah mir viele Bodybuilder im Internet an, um mir Tipps und Ratschläge zu holen, auch wenn ich selbst nie an Wettkämpfen teilnehmen wollte. Es gab bestimmte Leute, die ich über die Jahre verfolgt habe. Dabei war nicht nur die körperliche Entwicklung sichtbar, sondern auch die persönliche. Wenn man jung ist, gibt der Körper sehr viel her. Es sind große Leistungen möglich und man macht sich über das Älterwerden keine Gedanken. Manche der Athleten halten sich für unsterblich. Ich verfolgte die Karriere von manchen Athleten, die mich faszinierten und die auch noch nach ihrem Rücktritt in den sozialen Medien sehr aktiv waren. Es gab im deutschsprachigen Raum einen, der mir besonders durch seinen Humor auffiel und auch in der Szene sehr erfolgreich war. Irgend-

wann ist er vom Sport zurückgetreten und andere Dinge wie z. B. Familie und Freunde wurden zunehmend wichtiger. Der Abschied fiel ihm nicht leicht. Er war sehr massiv gebaut und hatte sich auch eine große Muskelmasse antrainiert. Mir ist aufgefallen, dass er so um die vierzig herum immer mehr über sein Alter gesprochen hat, und es hörte sich so an, als ob er große Probleme mit dem Älterwerden hatte. Die wenigsten Menschen werden gerne älter, doch in diesem Fall war es offensichtlich. Bei vielen Interviews sprach er über die geringere Leistung, die der Körper hergab, und über die optischen Veränderungen. Es ist erstaunlich, wie stark viele Sportler auf der mentalen Ebene sind, wenn es um Leistung und Erfolg geht; wenn es aber um den eigenen Selbstwert geht, liegen die Lösungen und Antworten sehr fern. Der ehemalige Profi berichtete davon, dass von Jahr zu Jahr die Leistung sinkt und auch die Muskelmasse weniger wird, egal wie hart er noch immer trainiert. Auch beim Gespräch mit anderen Trainingspartnern, die im gleichen Alter waren, drehte sich vieles um den körperlichen Verfall. Es ist ganz natürlich, dass der Körper mit fortschreitendem Alter nicht mehr so aussieht wie in jungen Jahren, doch es gibt Menschen, die damit ein Riesenproblem haben und dagegen ankämpfen. Wenn jemand sehen muss, dass der eigene Körper abbaut, die Haare ergrauen und sich Falten im Gesicht bilden, ist das sicherlich für die meisten kein schöner Anblick. Genau hier liegt aber eine große Chance, die Akzeptanz zu trainieren. Wird eine verminderte Leistung festgestellt, gibt es hier im Grunde genommen nur zwei Optionen: Es kann dagegen angekämpft und alles Mögliche ausprobiert werden, oder der natürliche Prozess kann akzeptiert werden, ohne in ständige Verurteilung gegenüber sich selbst zu verfallen. Welche Option würden Sie wählen? Bei der ersten Option gehen Sie mit sich selbst in Widerstand. Sie argumentieren mit der Realität und können es nicht zur Kenntnis nehmen, dass die natürlichen Dinge nun mal so sind, wie sie sind. Sie kämpfen im Prinzip gegen die Naturgesetze. Das heißt nicht, dass Sie sich gehen lassen müssen und auf das Aussehen keinen Wert mehr legen sollen. Bestimmte Maßnahmen sind völlig in Ordnung – der wesentliche Unterschied liegt aber darin, dass Sie sich für Ihr Aussehen und Ihren Charakter verurteilen und somit wiederum in den Widerstand gegen sich selbst treten. Es kann so weit gehen, dass ein feindschaftliches Verhältnis aufgebaut wird, und das erzeugt inneren Druck und Stress. Diese Form von Stress schwächt Sie auf der körperlichen und psychischen Ebene und vermindert auch Ihre Resilienz. Durch die ständige Kritik erschaffen Sie ein negatives Selbstbild, das Sie runterzieht. Die Resilienz wurde an früherer Stelle als das seelische Immunsystem definiert. Was glauben Sie, was passiert, wenn Sie gegen sich selbst ankämpfen und sich ständig verurteilen, weil Sie nicht so aussehen, wie Sie sich das wünschen?

Hier ist noch ein wichtiger Hinweis: Das Unterbewusstsein versteht keinen Spaß. Es verhält sich so, als hätten Sie immer einen stillen Zuhörer an Ihrer Seite, der alles registriert, was Sie über sich sagen und denken. Dabei spielt es keine Rolle, ob Sie das Gedankengut laut aussprechen oder sich nur im Geiste einreden. Man könnte sagen, dass Denken auch stilles Sprechen ist. Sie haben die Wahl, ob Sie einen konstruktiven oder einen destruktiven Gedanken wählen. Ich habe schon oft erlebt, wie Menschen abfällige Witze über sich selbst und andere machen. »Ich bin so ein Idiot«, oder Dinge wie: »Ach, das ist ja eh NUR mein Mann.« Das, was sich oberflächlich lustig anhört, schwächt Sie unbewusst. Für den Verstand mag es sich witzig anhören, für die Seele und das Selbstwertgefühl sind es aber Messerstiche. Wenn wir wirklich achtsam sind, werden wir uns hin und wieder dabei ertappen, wie wir Witze über uns selbst machen, gerade was das Alter betrifft. Ich kannte eine Frau, die sich bereits mit fünfundzwanzig als alt gesehen hat. Immer sagte sie den einfachen Satz: »Ich bin alt.« Es war merkwürdig, aber irgendwie wirkte sie auch an manchen Tagen alt. Bei solchen Gedanken werden dann im Gehirn die entsprechenden Botenstoffe ausgeschüttet, die im Körper bestimmte Wirkungen hinterlassen. Diese Botenstoffe, zu denen auch die Hormone gehören, steuern sehr viele Prozesse im Körper, die wir im Wachbewusstsein gar nicht mitbekommen. Die sich ständig wiederholende Information »Ich bin alt« wird nicht nur vom Unterbewusstsein, sondern auch von den Zellen registriert. Auch die Zellen haben ein eigenes Bewusstsein und reagieren auf die Informationen, die wir ihnen geben. Wenn jemand sich also ständig abwertet und sich einredet, dass er schlecht, dumm und unfähig ist, können Sie sich vorstellen, was dabei im Körper los ist. Dass so eine Lebensweise ungesund ist, muss nicht näher erklärt werden.

Achten Sie doch mal auf den Begriff »Anti-Aging«. Das Wort »Anti« bedeutet »gegen«. Der Begriff wird für Kosmetikprodukte verwendet, mit dem Ziel, die Alterserscheinungen zu verhindern oder zu verlangsamen. Gegen eine gute Hautpflege ist nichts einzuwenden, jedoch bedeutet der Begriff, gegen etwas zu sein (oder sogar zu kämpfen). Hier handelt es sich wieder um eine unterschwellige Botschaft, die dem Konsumenten suggeriert, dass er gegen sich selbst vorgehen soll – man könnte auch sagen, gegen sich selbst und den natürlichen Alterungsprozess ankämpfen soll. Das Ziel sollte aber nicht sein, gegen sich selbst zu kämpfen. Mit diesem Vorgehen könnte sich die Lage nur noch verschlimmern. Achten Sie also darauf, wie Sie mit sich sprechen und wie andere mit Ihnen umgehen. Wir alle sind täglich vielen Einflüssen ausgesetzt, die unser System stärken oder schwächen können. Wenn Sie anfangen, sich selbst nicht mehr als Gegner zu sehen, sondern als guten Freund, sind Sie auf dem richtigen Weg.

Die dunkle Seite

Wie wir wissen, hat ein Mensch nicht nur positive, sondern auch negative Charakterzüge. Wo es Stärken gibt, gibt es auch Schwächen, sonst wäre das Leben zu einseitig. Sicherlich kennen Sie ein paar Charaktereigenschaften, die Ihnen nicht so gut gefallen. Es gibt bestimmte Muster und Gewohnheiten, die Sie ändern können, und oft gelingt es auch, manche von ihnen über die Jahre abzulegen. Bei anderen Dingen gelingt es aber nicht, weil sie einfach zum Selbst gehören. Zur Selbstakzeptanz gehört auch die Bereitschaft, die Dinge, die wir in uns tragen, als Teil von uns zu betrachten, auch wenn sie uns im Moment nicht gefallen. Das können bestimmte Gedanken und Emotionen, aber auch dunkle und verbotene Wünsche sein. Dazu gehören auch verdrängte und unterdrückte Anteile der eigenen Persönlichkeit.

C. G. Jung nannte das den »Schatten«. Nur weil wir etwas in uns tragen, heißt das aber nicht, dass wir immer danach handeln müssen. Das wäre absurd. Da, wo Licht ist, ist eben auch Schatten, und wir sollten nicht versuchen, unseren Schatten auszugrenzen. Wenn wir einen Teil von uns nicht annehmen, sondern ihn regelrecht ablehnen, schwächen wir uns selbst. Annehmen heißt, wie bereits besprochen, nicht, etwas gut zu finden, und es heißt auch nicht, dass wir uns in diesem Bereich keine Veränderung wünschen dürfen, aber um eine Veränderung einzuleiten, dürfen wir das, was zu uns gehört, nicht unterdrücken. Wir dürfen nicht sagen: »Das bin ich nicht.« Wenn ein Thema hochkommt und uns beschäftigt, sollten wir also genauer hinschauen und uns damit beschäftigen, auch wenn es schmerzhaft ist. Wenn diese negativen Gedanken da sind, dann sind sie da. Wenn Schmerzen, Wut, Trauer oder sonstige Gefühle da sind, dann sind sie in dem Moment da. Solche Empfindungen sind Wegweiser, die zeigen wollen, woran wir arbeiten dürfen. Wenn diese Themen unterdrückt werden, landen sie nur wieder im Unterbewusstsein, wo sie eines Tages wieder an die Oberfläche kommen. Es sollte dabei behutsam vorgegangen werden, um sich nicht allzu sehr reinzusteigern. Der Fahranfänger würde sich ja auch nicht in einen Supersportwagen mit 1000 PS setzen.

Machen Sie sich also bewusst, dass Sie nicht vollkommen rein sein müssen, um ein gutes Leben führen zu können, aber die emotionale Arbeit auch nicht vernachlässigen sollten. Fortschritt ist auch möglich, wenn Sie noch unerlöste Konflikte und Schattenthemen in sich tragen. Es kann gelingen, im Laufe des Lebens viele von den hier erwähnten Dingen zu bereinigen, doch sollten wir nicht meinen, alles meistern zu müssen.

Achten Sie auch hier auf die Bewertung. Das Wort »Schatten« mag für viele wie etwas Dunkles und Böses klingen. Der persönliche Schatten ist vielmehr das, das nicht bewusst ist oder das wir nicht anschauen möchten, weil es (noch) zu unangenehm ist. Der Schatten ist auch all das, was wir an uns nicht akzeptieren können. Nur weil jemand Seiten an sich hat, die er nicht kennt oder unschön sind, heißt das nicht, dass er deshalb automatisch ein schlechter Mensch ist. Jeder Mensch trägt bewusste und unbewusste Anteile in sich, und es liegt an jedem Selbst, diese zu erkennen. Auch wenn wir hässliche und schmutzige Gedanken in uns tragen, die wir oft nicht kontrollieren können, sind wir deshalb nicht minderwertig. Wir haben einfach nie richtig gelernt, damit umzugehen.

Denken Sie an das Beispiel mit dem tyrannischen Vorgesetzten, wo es um die Entwicklung der Souveränität ging. Es wurde erwähnt, dass bei dem cholerischen Chef die Möglichkeit besteht, dass er die Tendenz zum Schreien in der Kindheit entwickelt hat, aus Angst, nicht gehört zu werden. Diese Strategie wurde dann vermutlich in das Erwachsenenalter übertragen, weil sie in der Kindheit nicht erkannt wurde. Dieser unerlöste Konflikt gehört auch zum Schatten und wird daher als Erwachsener auf eine sehr ungesunde Art ausgelebt und auf andere projiziert. Kann es aber auch sein, dass diese Person in Wahrheit gar kein schlechter Mensch ist? Wahrscheinlich ist er es nicht. Wie wäre dieser Mann wohl, wenn er seinen inneren Konflikt gelöst hätte, anstatt ihn mit sich herumzutragen oder vielleicht sogar darunter zu leiden, auch wenn er sich das nicht eingestehen will? Dafür ist es notwendig, den inneren Konflikt, der schon sehr lange zurückreicht, erst einmal aufzudecken und ihn anzunehmen. Solche Konflikte zu ignorieren, wird nicht funktionieren. Um hier erfolgreich zu sein, ist die Ehrlichkeit gegenüber dem eigenen Selbst verpflichtend, auch wenn dies bedeutet, im Inneren einen Ort aufzusuchen, an dem schon sehr lange niemand mehr war. Wenn es alleine nicht möglich ist, kann es mithilfe einer geeigneten Therapie gelingen. Bei schweren psychischen Störungen ist das in jedem Fall ratsam.

Die Arbeit am eigenen Selbst ist kein Ausdruck von Schwäche. Es bedeutet, dass ich mich in die Verantwortung nehme und mich meinem Selbst verpflichtet fühle. Ich kann akzeptieren, was sich zeigt, inklusive dem Wunsch, mich von diesem Punkt aus weiterzuentwickeln. Somit gehe ich wieder vorwärts, statt rückwärts. Nicht das Annehmen, sondern das Leugnen blockiert. Und das ist es auch, was einen starken, resilienten Menschen ausmacht – dahin zu schauen, wo es ihn am meisten zurückhält. Ob die Anteile in uns gut oder schlecht sind, ist immer eine sehr subjektive Bewertung. Wer sich einredet, dass er schlecht ist, weil er eine Eigenschaft hat, die ihm nicht gefällt und sich nur in Grenzen ändern lässt, vergisst oft, dass es sich hier um eine subjektive Meinung handelt, die der Wahrheit noch lange nicht entsprechen muss. Durch die ständige Selbstkritik wird die Bewertung aber als eigene Realität empfunden. Man könnte auch sagen, dass die Denk- und Glaubensmuster, welche wir uns selbst kreieren, real für uns werden. Wir spüren sehr schnell, was uns gut tut und was nicht. Wenn jemand von Natur aus bequem ist, heißt das nicht, dass er ein schlechter Mensch ist oder für das Arbeitsleben inkompetent sein muss. Es ist sogar relativ häufig der Fall, dass manche Menschen aufgrund ihrer genetischen Veranlagung nicht so eine hohe Leistung erbringen können wie manch andere Arbeitstiere da draußen. Das Nervensystem arbeitet hier etwas anders. Deshalb macht es auch keinen Sinn, alle Menschen in den gleichen Topf zu werfen und für die gleiche Arbeit heranzuziehen. Hier sind einfach zu viele Faktoren im Spiel, von denen nicht alle bekannt sind.

Es gibt Leute, die von Natur aus Führungspersönlichkeiten sind. Es scheint ein angeborenes Talent zu sein, das ihnen in die Wiege gelegt worden ist. Solche Menschen haben einen starken Willen, sind ehrgeizig und durchsetzungsstark. Es gibt aber auch jene, die für solche Aufgaben einfach nicht gemacht sind und in anderen Dingen dafür besser sind.

Machen Sie sich mit dem Konzept der Selbstakzeptanz vertraut, auch wenn es schwerfällt. Es wird Ihnen deutlich besser gehen, wenn Sie sich mehr und mehr annehmen können, auch wenn Sie viele Dinge an sich haben, die Ihnen nicht gefallen. Versuchen Sie auch, Ihren Körper und Ihr Aussehen zu akzeptieren, inklusive all Ihrer Makel und Schönheitsfehler. Ihr Körper arbeitet rund um die Uhr für Sie und tut, was er kann, um Sie am Leben zu halten. Sie sollten ihn wertschätzen. Der menschliche Körper ist weniger dazu da, um perfekt auszusehen, sondern erfüllt eine Reihe lebenswichtiger Funktionen. Vielleicht sind Sie mit Ihren Beinen unzufrieden, weil Sie sie als zu dick empfinden. Was wäre, wenn Sie keine Beine hätten und das Leben im Rollstuhl verbringen müssten? Es gibt Menschen, die ein viel härteres Schicksal haben, als wir uns je vorstellen können, doch manchmal vergessen wir das und regen uns über Kleinigkeiten auf.

Ich glaube, Sie haben nun eine gute Idee davon, was mit Akzeptanz gemeint ist, und können damit arbeiten. Ich betone auch hier, die Sache nicht nur vom Kopf her zu verstehen, sondern auf die emotionale Ebene einsickern zu lassen. Beim Verstand fängt das Wissen an, darf aber nicht dort enden. Wie heilsam die Akzeptanz sein kann, wird erst erfahren, wenn das Wissen auf die emotionale Ebene sinkt und von dort aus die Wirkung entfalten kann. Stellen Sie es sich wie eine Kapsel vor, die Sie schlucken und nach einer gewissen Zeit im Magen aufgeht. Oftmals kann es aber mit der Akzeptanz etwas länger dauern, da sich am Anfang noch viel Widerstand zeigen kann. Ihr Ego kann Ihnen da ordentlich im

Wege stehen und Ihnen das Leben schwer machen. Dem Ego werden wir uns später zuwenden.

Für den Fall, dass Akzeptanz unmöglich erscheint, ist es auch hier ratsam, nichts mit Gewalt erzwingen zu wollen. Wenn Sie eine Erfahrung machen, die überwältigend und sehr belastend ist, kann die Annahme für Sie außer Frage stehen. Wenn Sie alles am liebsten gleich loswerden wollen, kann sich hier ein großer Widerstand aufbauen. Die Lösung ist auch hier, nicht gegen den Widerstand anzukämpfen, auch wenn dieser sehr stark ist. Wenden Sie eine andere Vorgehensweise an. Eine Idee wäre zum Beispiel, den Widerstand zu akzeptieren. Wenn das zugelassen wird, kann das die innere Anspannung reduzieren, auch wenn sich der Widerstand nicht ganz auflöst. Sie können sich selbst sagen: »Es ist in Ordnung, wenn ich momentan nicht alles kann und mein Thema mich sehr beschäftigt.« Auch wenn sich der Widerstand um fünf Prozent reduziert, ist es schon ein Erfolg. Zugegeben, manche Erfahrungen können so erdrückend sein, dass eine Lösung im Moment aussichtslos erscheint. Wenn dem so ist, lassen Sie es vorerst so stehen und versuchen, die Spannung so gut es geht zu reduzieren. Und genau das bewirkt Akzeptanz: Die emotionale Spannung wird reduziert.

Entscheidungsfähigkeit

Vermutlich wird die Frage aufkommen, was Entscheidungen mit dem Aufbau von Resilienz zu tun haben, weil jeden Tag Entscheidungen getroffen werden müssen. Es hat sogar sehr viel damit zu tun, denn Resilienz ist eine Entscheidung. Ohne bestimmte Dinge auszuwählen, die für die eigene Existenz wichtig sind, wäre Leben nicht denkbar. Es wäre nur ein Existieren, und selbst da müssen tägliche Entscheidungen getroffen werden. Viele geschehen automatisch und haben keine allzu große Bedeutung für das Leben. Aufzuwachen, sich die Haare zu bürsten, die Zähne zu putzen und sich anzuziehen, geschieht weitgehend von selbst, ohne dass wir groß darüber nachdenken müssen. Doch diese Routinetätigkeiten sind nicht für den Aufbau der Resilienz zuständig. Die Resilienz ist trainierbar und dazu brauchen wir auch die richtigen Werkzeuge. Gewohnheiten, die fest im Verhalten verankert sind, sind auch diejenigen, die uns gut vertraut sind. Hier soll es aber um Neues gehen, das wir so vielleicht noch nicht beachtet haben.

Ich behaupte, dass viele Dinge gar nicht so neu für den Menschen sind – wir haben sie einfach nur vergessen oder nie richtig kennengelernt. Die Fähigkeit, wichtige Entscheidungen zu treffen, ist für die Steigerung der Resilienz sehr gut geeignet, weil es die eigene Kompetenz betrifft. Wenn sich jemand kompetent fühlt, wird er sich mehr zutrauen und mutiger durch das Leben gehen, als eine Person mit einem niedrigen Selbstvertrauen – sprich, die Person traut sich mehr zu und handelt auch dementsprechend. Es gibt einen Verstand, der aktiv genutzt wird, um die richtigen Ergebnisse zu erzielen. Viele Menschen haben aber große Mühe, sich zu entscheiden. Sie warten ewig auf eine bessere Gelegenheit und bleiben passiv. Die eigene Kompetenz wird in Frage gestellt und das führt dazu, dass wichtige Entscheidungen auf die lange Bank geschoben werden oder niemals gefällt werden. Noch schlimmer wird es, wenn jemand darauf wartet, bis man ihm die Entscheidung abnimmt, was in vielen Fällen ungünstig sein kann. Der Mensch ist dann eine Art Zuschauer und muss sich den neuen Umständen anpassen, die andere für ihn geschaffen haben, auch wenn diese negativ sind. Er überlässt das Ruder den anderen und bleibt passiver Beobachter.

Sie können bereits hier erkennen, dass dieses Verhalten das eigene Selbstvertrauen zunichte machen kann. Fühlt sich jemand unsicher, kann er auch keine robuste Resilienz haben. Wird der Versuch unternommen, doch eine Entscheidung zu treffen, wird diese oft angezweifelt und lange danach hinterfragt, ob es denn nun richtig war – ob es richtig war, wird sich früher oder später herausstellen. In jedem Fall ist es besser, überhaupt eine Option zu wählen und dann auch dabei zu bleiben. Jede Entscheidung ist zu dem Zeitpunkt, zu dem sie getroffen wird, eine subjektiv richtige Entscheidung, wenn sie auf bestem Wissen und Gewissen beruht.

Die Menschen sind nervlich am Ende oder machen sich das Leben zur Hölle, weil sie nicht aufhören können, sich mit ihren Gedanken im Kreis zu drehen. Wenn eine

Wahl getroffen wurde, sollte sie auch in die Tat umgesetzt werden, ohne sich ständig über das Ergebnis den Kopf zu zerbrechen. Wenn zu lange gezögert wird, rattert der Kopf und es schafft Verwirrung, wenn ständig über die Konsequenzen spekuliert wird. Nachforschungen und weitere Analysen können von diesem Punkt an kontraproduktiv sein. Eine Korrektur kann später immer noch vorgenommen werden, aber wichtig ist, dass man eine Zeit lang dabei bleibt. Wenn etwas sehr lange aufgeschoben wird, hat das meistens mit einer unterschwelligen Angst zu tun – Angst vor Konsequenzen. Ein Großteil der Sorgen tritt nie ein und das Meiste spielt sich nur in der Vorstellung ab.

Viele Menschen machen den Fehler, dass sie immer genau wissen wollen, wie eine Sache für sie ausgeht. Es werden reichlich Informationen gesammelt und die ganzen Fakten werden sorgfältig zusammengetragen, um eine logische Entscheidung zu treffen. Zum Schluss ist der Kopf voll mit Informationen, die eine ermüdende Wirkung auslösen. Der Kopf raucht und die Entscheidung wird schwieriger, weil es zu viele Optionen gibt. Die vielen Fakten haben also dazu geführt, dass eine Wahl schwieriger wird als angenommen.

Aber was ist die Alternative? Die Alternative ist in den meisten Fällen wesentlich teurer – nämlich keine Entscheidung zu treffen und es dem Schicksal zu überlassen. Genau genommen könnte man auch sagen, dass keine Entscheidung zu treffen auch eine Entscheidung ist, sowie nach dem bekannten Spruch: »Keine Antwort ist auch eine Antwort.«

Sie sehen also, dass irgendwann der Punkt kommt, wo es besser ist, eine Möglichkeit auszuwählen, auch wenn Sie nicht alle Fakten kennen.

Ein persönliches Beispiel:

Ich kann mich noch gut daran erinnern, als ich ein paar Wochen über eine Leihfirma in einem großen Unternehmen gearbeitet habe. Bei einer Leihfirma ist es in der Regel so, dass der Mitarbeiter nach einer bestimmten Zeit übernommen werden kann, wenn die Zufriedenheit und die Leistungen stimmen. Es war ein sehr großes Unternehmen, das Aufträge in der ganzen Welt annahm. Mir wurde schon oft empfohlen, mich bei dieser Firma zu bewerben, da die Aussichten auf eine große Karriere recht gut schienen. Ich habe in der Produktion als Fräser gearbeitet und auch gleich meinen Vorgesetzten kennengelernt. Er kam mir nicht sonderlich kompetent vor und machte auf mich einen verwirrten und leicht überforderten Eindruck. Wenn ich ein Anliegen hatte und das Gespräch suchte, konnte er mir oft keine klare Antwort geben. Er wirkte unsicher und konnte meine Fragen nicht wirklich beantworten. Ich wurde nicht schlau aus ihm. Nach einer Weile sprachen wir über das Arbeitsverhältnis und über die Dauer meiner Beschäftigung. Auch hier konnte er mir nichts Genaues darüber erzählen. Die Situation war unklar, doch ich hatte niemanden, an den ich mich sonst wenden konnte. Seine Antwort lautete meistens: »Schau ma mal.« Diese Antwort war typisch und ich habe sie schon so oft gehört. Als ich erneut nachgehakt habe, bekam ich wieder keine Antwort, wie es mit meinem befristeten Arbeitsvertrag weitergehen soll. »Mein Chef, der nichts weiß und keine Entscheidungen treffen kann«, dachte ich mir. Ich habe gemerkt, dass ich ihn nicht mehr richtig ernst nehmen konnte. Er hatte für mich seine Autorität ein Stück weit verloren und ich fragte mich, warum ich überhaupt noch mit ihm reden sollte, wenn er nicht in der Lage war, sich zu entscheiden. Dieser Mangel an Klarheit und Entscheidungsfähigkeit ging mir allmählich auf die Nerven. Ich fragte mich, wie jemand in so einem renommierten Unternehmen als Führungskraft eingesetzt werden konnte, der nicht in der Lage war, eine Wahl zu treffen. Schließlich war er der Ansprechpartner und wurde dafür auch ordentlich bezahlt.

Entscheidungen zu treffen gilt als die wichtigste Kompetenz einer Führungskraft. Ich sah das als einen Ausdruck von Schwäche und mangelnder Führungsqualität. Zudem wirkte es auch irgendwie unmännlich. Er war mir zwar sympathisch, aber ich konnte mich nicht auf ihn verlassen. Für so einen Chef wollte ich nicht arbeiten und deshalb suchte ich mir dann auch eine andere Stelle.

An diesem Beispiel ist zu sehen, wie wichtig solche Kompetenzen sind und welche Wirkung sie auf andere Menschen ausüben. Menschen, die sich nicht entscheiden können, nehmen wir im Allgemeinen als wenig vertrauenswürdig wahr. Jemand, der sich nicht für eine Option entscheiden kann, hat auch Mühe damit, andere zu führen und letzten Endes, sich selbst zu führen. Können Sie sich vorstellen, dass ein Kapitän, der auf hoher See in Turbulenzen gerät, die Arme hilflos vom Steuer reißt und laut schreit: »Ich weiß nicht, wo wir hinfahren?« Leute, die ständig alles anzweifeln, sind auch nicht wirklich greifbar für uns. Es ist schwer einzuschätzen, wo jemand steht und was er will – man muss es erraten. Es fällt daher oft schwer, solche Menschen überhaupt wirklich ernst zu nehmen, weil das Gefühl der Sicherheit fehlt.

Doch wie geht man vor, um eine Wahl zu treffen, wo es dazu noch um wichtige Dinge geht? Eines der Hauptprobleme ist hierbei, dass so viele Informationen gesammelt werden, dass der Verstand überlastet ist. Man nennt es auch analytische Lähmung. Viele Wahlen werden vom Kopf her getroffen. Besonders Männer haben die Tendenz dazu, da das analytische, geradlinige Denken dem männlichen Prinzip zugeordnet ist. Natürlich ist es wichtig, Informationen zu sammeln, wenn es um geschäftliche Angelegenheiten oder ähnliche Dinge geht, doch am Ende ist es nicht nur der logische Verstand, der die Wahl trifft. Wenn wir Entscheidungen treffen, können wir davon ausgehen, dass auch immer eine emotionale Komponente mit im Spiel ist, auch wenn diese geleugnet wird. Es ist aber die Wahrheit. Deshalb sollten wir danach trachten, auch die Intuition einzusetzen. Viele nennen es auch das Bauchgefühl. Es ist erwiesen, dass Entscheidungen, die intuitiv getroffen werden, bessere Ergebnisse bringen als rein analytische, und sicherlich kennen Sie viele Leute, bei denen das zutrifft. Wenn Sie wieder lernen, sich mehr auf Ihre intuitiven Fähigkeiten zu verlassen, werden Sie auch hier wagemutiger handeln. Es gibt geschäftliche Positionen und Angelegenheiten, wo es um Summen in Millionenhöhe geht. Hier kann nicht lange überlegt werden, sonst übernimmt der Computer die Wahl. Es ist sehr unterschiedlich, wie ein Mensch seine Intuition wahrnimmt. Der Schlüssel ist aber, wie bei vielen anderen Dingen auch, auf das eigene Körpergefühl zu achten und weniger im Kopf zu leben. Jetzt wird Ihnen klar werden, wozu die Atemübungen am Anfang dienen – um Sie wieder mit Ihren Emotionen zu verbinden, denn diese werden hauptsächlich über die körperliche Ebene wahrgenommen. Wenn sich eine Option wirklich schlecht anfühlt und für Sie nicht stimmig ist, kann das auch im Körper wahrgenommen werden. Die Brust verklemmt sich oder der Magen verkrampft sich.

Viele Menschen verurteilen sich, weil die getroffene Entscheidung nicht zum gewünschten Ziel führt. Dafür gibt es aber keinen Grund. Überlegen Sie mal, was im Moment der Entscheidung passiert. Sie wählen normalerweise die Option, die sich für Sie aktuell günstiger anfühlt. Sie treffen also eine Wahl für sich selbst und nicht gegen sich. Sie gehen davon aus, dass die Sache für Sie gut ausgehen wird. Eine Wahl basiert also auf der momentanen Gefühlslage, die sich aber auch ändern kann. In dem Moment, wo Sie Ihre Entscheidung treffen, wollen Sie sich etwas Gutes tun. Sie machen es so gut, wie Sie im Moment können. Und das ist auch der Grund, warum Sie nicht so hart mit sich sein sollten, wenn sich die Dinge nicht wie gewünscht entwickeln. Es ist nicht möglich, alles im Voraus zu wissen. Falls manchmal Passivität und Lethargie überhandnehmen, kann das jemanden außer

Kraft setzen, was auch heißt, dass die Resilienz schwindet. Bleiben Sie aber aktiv und entscheiden sich, machbare Schritte zu gehen, steigt auch das Vertrauen wieder.

Wir haben bereits darüber gesprochen, wie Entscheidungen getroffen werden. Probieren Sie für sich aus, was am besten funktioniert. Sind Sie mehr der analytische Typ, brauchen Sie wahrscheinlich mehr Fakten. Sind Sie eher der emotionale Typ, sind viele Analysen und wissenschaftliche Studien weniger Ihr Fall. Vielleicht ist es auch eine Kombination von beidem. Beides hat seinen Platz und kann angewendet werden. Die Ergebnisse werden Ihnen zeigen, ob Sie richtig liegen. Mit einem gestärkten Selbst ist es einfacher, mit Misserfolgen und Niederlagen fertig zu werden, und falls diese eintreten, werden sie nicht mehr als so schlimm empfunden und Sie erholen sich auch wieder schneller davon. Da langfristig weniger Zweifel vorhanden sind, trauen Sie sich auch an sehr große Entscheidungen heran, die lebensverändernd sind. Vielleicht werden Sie es eines Tages lieben, neue Entscheidungen zu treffen, weil Sie wissen, dass Sie auch mit Konsequenzen umgehen können. Sie werden dadurch offener und empfinden die Welt nicht mehr als bedrohlich.

Abgrenzungsfähigkeit

Die letzten drei Bausteine haben uns dabei unterstützt, innerlich zu wachsen und eine gesunde Beziehung für die eigene Person zu fördern. Neben der Resilienz wird auch das eigene Selbstwertgefühl gestärkt. Nun wollen wir auch auf äußere Umstände achten, die für das eigene Wohlbefinden abträglich sind und uns schwächen können. Wenn wir nochmal an den lateinischen Begriff »resilire« denken, zeigt das schon, auf was es hier ankommt. Bei der Souveränität war davon die Rede, sich gegen Autoritäten zu beweisen und eine Einstellung zu erreichen, bei der davon ausgegangen wird, dass man mit Respekt und Würde behandelt wird. Das gilt nicht nur im zwischenmenschlichen Bereich, sondern auch innerhalb des Systems, in dem wir leben. Abgrenzungsfähigkeit ist eng mit der Souveränität verwandt, nur soll hier mehr ins Detail gegangen werden. Die Annahme ist, dass destruktive Dinge auf uns einwirken, also alles, was in irgendeiner Form dem Wohlbefinden schadet. Es müssen sich dabei nicht immer um große Dinge handeln, sondern es können auch Erfahrungen sein, die uns einfach gegen den Strich gehen und mit denen wir nicht einverstanden sind. Das kann bei einer anderen Meinung anfangen und schon nach kurzer Zeit in einem Streit münden. Es kann auch eine Form der Manipulation sein, bei der versucht wird, die andere Person in eine Richtung zu lenken. Es kann eine Form von Mobbing sein oder einfach nur der nervige Nachbar, der unsere Grenzen nicht respektiert. Wenn die eigenen Grenzen bereits überschritten wurden, ist es oft schwer, den anderen wieder in seine Schranken zu weisen. Viele Leute lassen sich sehr lange etwas gefallen und verpassen die Gelegenheit, sich zu behaupten. Wenn die Meinung dann ausgesprochen wird, ist es meistens schon zu spät. Der andere ist überrascht und wundert sich, warum die Warnung erst so spät kommt. Manchmal wird man solche Leute, die schon zu weit in das eigene Leben vorgedrungen sind, nur schwer wieder los. Es braucht dann vielleicht schon eine sehr offensive Vorgehensweise, um wieder für Ruhe zu sorgen, und darum ist es sinnvoll, die eigenen Grenzen zu kennen und zu definieren. Hierbei müssen wir uns zuerst zu unserem Wert als Mensch bekennen und entscheiden, dass wir uns selbst wichtig sind. Jeder Mensch hat einen freien Willen und kann bestimmen, wie viel er von außen in sein Leben lässt. Zuerst müssen wir uns einen Raum schaffen, der die eigene persönliche Grenze definiert. Innerhalb dieses Raumes sind wir für unser Leben verantwortlich. Die Kontrolle liegt in der eigenen Hand. In diesem Raum bestimmen wir selbst, was wir tun. Tritt eine andere Person an uns heran, können wir entscheiden, wie weit wir sie in das eigene Leben lassen.

Ein Beispiel mag das veranschaulichen:

Angenommen, Sie haben jemanden kennengelernt, mit dem Sie sich angefreundet haben. Der Kontakt kommt regelmäßig zustande und Sie empfinden die Freundschaft bis jetzt als angenehm. Irgendwann stellen Sie aber fest, dass die Person sich verändert hat. Der andere möchte ständig seine Probleme mit Ihnen besprechen. Sie wollen ein guter Freund sein und nehmen sich die Zeit für ihn, doch irgendwann merken Sie, dass solche Gespräche für Sie anstrengend werden. Ständig müssen Sie die Probleme des anderen anhören. Inhalte, die nur Leid und Kummer erzählen, und die Zeit und Energie, die Sie in die Freundschaft investieren, zerren an Ihren Nerven. Sie möchten jedoch nicht unfreundlich sein und hören weiterhin zu. Irgendwann merken Sie, dass Sie wahrscheinlich die Gelegenheit verpasst haben, dem anderen klarzumachen, dass die Gespräche Sie belasten. Sie haben vergessen zu sagen, dass eine Freundschaft nicht dadurch bestehen bleibt, die emotionale Ablage für den Kummer und das Leid zu sein. Sie merken, dass es schwer geworden ist, den Störenfried auf Distanz zu halten, und fühlen sich vielleicht sogar verpflichtet, ihm weiter seelischen Beistand zu leisten. Sie fragen sich auch, wie er alleine klarkommen soll, wenn Sie nicht mehr für ihn da sind. Falls Sie den Versuch machen, ihn über die Situation aufzuklären, kann es in manchen Fällen so weit kommen, dass eine Form der Kontrolle ausgeübt wird. Hier wird oft viel mit Schuldgefühlen gearbeitet. Es kann aber auch sein, dass Sie mit viel Lob und Anerkennung überhäuft werden. Wenn das nicht funktioniert, werden bestimmt noch andere Möglichkeiten gefunden, um die andere Person an sich zu binden. Drohungen und Panikmache können bereits vorkommen. Ist das Verhältnis bereits so weit fortgeschritten, müssen in manchen Fällen sogar rechtliche Schritte eingeleitet werden.

Von so einem Fall wollen wir hier aber nicht ausgehen. Es besteht eventuell die Möglichkeit, dass es so weit kommen kann, wenn wir nicht lernen, uns sauber abzugrenzen. In vielen Fällen können es auch gute Ratschläge und Meinungen sein, mit denen jemand überhäuft wird. Auch hier darf Abgrenzung geschehen. Warum sollten wir uns die Meinungen von anderen anhören, wenn wir dazu eigentlich keine Lust haben? Ein Mensch ist nicht dazu da, um sich von anderen beschallen zu lassen. Es gibt Leute, die gar nicht merken, dass der Gesprächspartner ermüdet ist, und einfach weiterreden, ohne Rücksicht zu nehmen. Den eigenen Text unterzubringen, ist hier wichtiger als das Interesse des Zuhörers. An dieser Stelle fehlt oft das Einfühlungsvermögen. Manche Menschen hören sich selbst gerne reden und glauben, dass sie anderen ihre ungefragte Meinung aufdrücken können, wann immer sie dazu Lust haben. Reagiert die beschallte Person mit einer Abwehrhaltung, ist der Sender in vielen Fällen beleidigt. »Ich habe es doch nur gut gemeint«, ist dann die Rechtfertigung. Gut gemeint, ist aber nicht immer gut gemacht. Freundschaftliche Ratschläge sind im Normalfall nicht böse gemeint, basieren aber oft auf einer unreflektierten Grundhaltung. Es handelt sich dabei aber meistens um oberflächliche Ideen, die selber nie wirklich ausprobiert worden sind. Diese Ratschläge werden dem anderen dann »aufgestülpt«. Schauen Sie sich das Leben der Person an, die Ihnen diese Ratschläge erteilt. Hat der andere wirklich Ahnung von dem, was er sagt, oder ist es nur ein »Nachplappern«? Kann die Person das Gesagte selbst umsetzen und glaubt vielleicht noch, die Weisheit mit Löffeln gefressen zu haben? Es sollte kein Ratschlag von einer Person angenommen werden, die nicht das lebt, was sich der Ratsuchende wünscht.

»Wenn die Menschen nur über das sprechen würden, was sie begreifen, dann würde es sehr still auf der Welt sein.«
Albert Einstein

Überprüfen Sie ruhig die Meinungen von anderen Leuten und entscheiden Sie dann, ob Sie sich das überhaupt anhören wollen. Man muss nicht alles an sich heranlassen und sich schon gar nicht zu Herzen nehmen, wenn es für das Bauchgefühl nicht stimmig ist. Es ist nicht notwendig, stundenlang beim Bier zu sitzen oder die Zeit in langweiliger Gesellschaft zu verbringen, wenn einem nicht danach ist. Sagen Sie auch mal Nein, denn es dient dem Selbstschutz. Es ist nicht sinnvoll, zum notorischen »Ja-Sager« zu mutieren, der es immer allen recht machen will. Es gibt sogar Trainer, die schon sehr lange an sich selbst arbeiten, aber immer noch große Mühe haben, Nein zu sagen.

Wenn Sie es gewohnt sind, reflexartig Ja zu sagen, können Sie auch hier mehr Bewusstheit schaffen. Geben Sie sich eine kurze Bedenkzeit und lassen Sie sich einen Moment für die Antwort. Wenn Sie die Hilfe verweigern, sind Sie nicht automatisch dazu verpflichtet, einen Grund zu nennen oder sich zu rechtfertigen. Ein guter Grund kann aber trotzdem helfen, eine andere Lösung zu finden. Ein klar formulierter Grund ist oft gut – eine schwammige Ausrede hingegen weniger. Hin und wieder die Hilfe zu verweigern oder sich nicht beschallen zu lassen, ist nicht unhöflich – ganz im Gegenteil. Sie tun sich damit auch selbst einen Gefallen.

»Das höfliche Nein zu anderen ist das höfliche Ja zu sich selbst.«

Wenn Sie die Tendenz haben, gewohnheitsmäßig alles zu bejahen, kann es sich dabei um einen inneren Antreiber handeln, der Sie auf ungesunde Art anspornt, wie später noch zu lesen ist.

Definieren Sie, was Ihre Werte und Präferenzen sind – es wird für Sie wesentlich leichter werden, die richtigen Entscheidungen zu treffen. Was sind die Dinge, mit denen Sie nicht leben können? Was ist Ihnen wichtig, und wie weit wollen Sie gehen, um das zu verteidigen? So wie jedes Land definierte Grenzen hat, sollte auch jeder Mensch persönliche Grenzen haben. Innerhalb dieser Grenze sollten Sie idealerweise Ihr Leben unter Kontrolle haben. Außerhalb dieser Grenze haben Sie nur sehr begrenzt Kontrolle über die Dinge, die passieren. Schaffen Sie sich einen persönlichen Raum für Entwicklung, zu dem nur Sie alleine Zugang haben. Sie werden schnell merken, welche Dinge Ihnen nicht guttun, und das schließt auch äußere Angelegenheiten mit ein. Dazu gehören Menschen, Tiere, Orte und Lebensumstände. Wir wollen uns hier aber auf die sozialen Beziehungen konzentrieren, die Sie als destruktiv empfinden. Wenn es Personen gibt, die für Sie nicht gut sind, wie reagieren Sie darauf? Können Sie sich abgrenzen oder lassen Sie vieles über sich ergehen, das eigentlich nicht gut für Sie ist? Finden Sie heraus, warum Sie das wirklich tun. Die persönliche Grenze sollte nicht so gestaltet sein, dass sie undurchdringlich ist. Das wäre nicht sinnvoll, denn schließlich sollten wir irgendwie mit anderen kommunizieren. Der Raum, den Sie für sich schaffen, sollte bei bestimmten Zeiten durchlässig werden – aber nur für die Dinge, die auch im Leben erwünscht sind. Wenn Sie merken, dass Leute Sie ausnutzen wollen, haben Sie das Recht dazu, sich zur Wehr zu setzen. Das muss nicht gleich in einer körperlichen Auseinandersetzung enden, vielmehr kann es auch verbal geschehen. Sagen Sie, was Ihnen wichtig ist, und seien Sie dabei ehrlich. Wenn Sie bemerken, dass jemand Sie ausnutzen möchte, dürfen Sie das offen ansprechen. Manchmal ist es der anderen Person nicht wirklich bewusst, dass sie bereits die Grenzen überschritten hat. Weisen Sie den anderen darauf hin. Sie werden sehen, dass nicht so schlimme Dinge geschehen werden, wie Sie vielleicht am Anfang gedacht haben. Wenn Sie sich in regelmäßigen Abständen bewusst machen, was Ihnen wichtig ist, werden Sie auch im Voraus erkennen, wie Sie darauf reagieren können.

Wenn Sie solche Bücher wie dieses lesen, werden Sie auch nach einer Weile bemerken, dass Sie sich charakterlich verändern werden. Es schärft nämlich das Bewusstsein und bringt Klarheit in das Leben. Wenn Sie durch intensive innere Prozesse gehen, wird das auch Ihren Mitmenschen nicht verborgen bleiben. Manche von ihnen werden Sie darauf ansprechen und fragen, was mit Ihnen passiert ist. Vielleicht werden Sie auch bemerken, dass Ihnen manche Leute nicht mehr so sympathisch sind wie früher. Durch den Sinneswandel ordnet sich vieles im Leben neu und somit auch Wünsche, Bedürfnisse und Ziele. Das kann auch sehr herausfordernd sein, und deshalb ist es wichtig, zu erkennen, wer Sie dabei unterstützt und wer Sie möglicherweise in den alten Mustern halten will.

Wenn das Grundprinzip der Abgrenzung verstanden wird, werden Sie sehen, dass Sie das Gelernte in vielen Situationen einsetzen können. Sie müssen dann nicht mehr über die einzelnen Schritte nachdenken. Allgemeine und oberflächliche Tipps kümmern sich hingegen nur um Details und Symptome und sind deshalb nicht nachhaltig. Wenn Sie sich gegen Ihren Vorgesetzten auf angemessene Art abgrenzen können, werden Sie es auch gegen alle anderen tun. Oft geht es nur um ein paar Kleinigkeiten, aber das Prinzip ist dasselbe.

Abgrenzung bedeutet also, die eigene Entwicklung zu akzeptieren und sich vor Menschen und Umständen, die negativ auf Sie einwirken, bewusst schützen zu können. Und das ist nur im Hier und Jetzt möglich. Wenn Sie für sich selbst einstehen, werden andere Leute wahrscheinlich gar nicht mehr auf die Idee kommen, Sie anzugreifen. Hier muss auch immer das Umfeld beachtet werden. Manchmal ist es besser, sich anzupassen, als zu schweigen, und hier kann es auch sehr schwierig werden. Wie soll man sich anpassen, ohne dabei die eigenen Werte zu verraten? Wenn Sie einen Job machen, der Ihnen nicht gefällt, werden Sie nicht daran vorbeikommen, sich ein Stück weit anzupassen. Sie können einer Arbeit nachgehen, die Ihnen nicht gefällt, aber Sie sollten dabei aufpassen, dass Sie Ihre Werte nicht verlieren. Statt von Anpassung kann auch von Flexibilität oder Wandlungsfähigkeit gesprochen werden. Es ist durchaus machbar, die eigenen Interessen und Werte zum Ausdruck zu bringen, ohne dabei gleich anzuecken. Und auch wenn Sie anecken, was soll's? Ihre Resilienz wird stark genug werden, um den Schlag abzufedern. Wenn Sie klar definierte Werte haben, werden Sie bei der Entfaltung der Persönlichkeit so oder so anecken.

Ich glaube, wer in einem System lebt, bei dem soziale Anpassung im Vordergrund steht, muss früher oder später anecken, wenn er sich entfalten will – oder, metaphorisch gesprochen, seine Flügel ausbreitet. Schüchterne Personen halten die eigene Meinung oft zurück und empfinden sich selbst als unwichtig. Die eigene Meinung zu sagen, ist aber nicht immer ein Zeichen von Stärke. Manchmal kann eine stille Meinung auch die bessere Wahl sein. Für den Anfang können schon kleine Schritte reichen, da riesengroße Sprünge für die Praxis nicht immer die beste Wahl sind, weil sie uns die Illusion geben, wir könnten bestimmte Entwicklungsschritte überspringen.

Bei der Abgrenzungsfähigkeit sollte auch noch die Kritik erwähnt werden. Hierbei unterscheidet man zwischen konstruktiver und destruktiver Kritik. Konstruktive Kritik ist wohlwollend und zielt darauf ab, eine Sache zu verbessern. Der Ton ist angemessen und das Gesagte ist sachlich. Damit erreicht man eine Optimierung und fördert die Zusammenarbeit. Es ist manchmal auch eine Form der Anerkennung, die für eine gute Leistung erbracht wurde. Im Regelfall ist diese Form der Kritik recht unproblematisch, da niemand persönlich angegriffen wird und ein respektvoller Umgang herrscht.

Ganz anders verhält es sich bei der destruktiven Kritik, bei der jemand abgewertet und persönlich angegriffen wird. Sie ist weder sachlich noch dient diese Form dazu, eine Sache wirklich zu verbessern. Manche empfinden es als einen Schlag ins Gesicht, da auch die persönliche Grenze überschritten wird. Auch wenn sich jemand gut abgrenzen kann, passiert es manchmal recht plötzlich und ohne Vorwarnung. Diese Form der Kritik sollte auf keinen Fall hingenommen werden, da sie immer abwertend ist und das Wohlbefinden schwächt, wenn man nicht dagegen gewappnet ist.

Wenn destruktive Kritik geübt wird, sollte gleich vorweg etwas unternommen werden. Machen Sie sich wieder bewusst, welche Werte Sie haben und dass Sie es als menschliches Wesen verdient haben, mit Respekt behandelt zu werden, egal wer vor Ihnen steht. Fragen Sie den Kritiker, warum er glaubt, so persönlich werden zu müssen. Sie könnten zum Beispiel sagen: »Es wäre keine Information verloren gegangen, wenn du mir das normal gesagt hättest.« Es ist nicht unbedingt notwendig, gleich aus der Haut zu fahren oder aggressiv zu werden, denn somit würden Sie sich nur auf das gleiche Niveau begeben wie der Kritiker. Wenn Sie herumschreien, kann das zwar für Ruhe sorgen, es kann aber auch Gegendruck erzeugen, was dazu führt, dass Sie wahrscheinlich Stunden oder Tage damit verbringen, die Situation zu verarbeiten. Versuchen Sie auch hier, souverän zu bleiben, und setzen Sie Geschicklichkeit ein. Fordern Sie ein, was den anderen genau stört. Wer nicht sagen kann, was ihn stört, braucht auch nicht zu kritisieren. Kritik sollte nicht immer nur abprallen, sondern eher zu einer geeigneten Lösung führen. Wenn sich jemand aber im Ton vergreift und ausfällig wird, ist ein gleichgültiges Verhalten gegenüber der anderen Person auch eine Möglichkeit der Kommunikation. Sie könnten durch die Körpersprache ausdrücken: »Entweder du redest normal mit mir oder gar nicht.« Das könnte den Kritiker dazu animieren, seinen Ton zu überdenken. Auch wenn die destruktive Kritik auf Sie einwirkt und beleidigend ist, müssen Sie das aber nicht gleich persönlich nehmen. Wenn sich jemand schlecht benimmt, obwohl es keinen wirklichen Grund dafür gibt, sagt das über ihn etwas aus und nicht über Sie. Der andere hat vermutlich seine Emotionen nicht im Griff oder einfach keine Manieren. Kritik kann auch als Meinung gehört werden. Je nachdem, wie sehr das psychische Immunsystem ausgebildet ist, wird die Aussage eher persönlich genommen oder eben nicht. Ein Mensch, der von sich selbst eine schlechte Meinung hat und sich für wertlos hält, wird mit Kritik nicht so gut umgehen können wie ein resilienter Mensch. Vieles wird dann als Wahrheit gehört (auch sehr unbewusst), was zusätzlichen Schmerz verursacht. Solche Menschen fühlen sich generell schnell angegriffen, weil sie bestimmte Glaubensmuster in sich tragen, die ähnlich sind wie die Kritik, die von außen kommt. Bei einem Menschen mit einer sehr ausgeprägten Resilienz können Schimpfwörter und Beleidigungen regelrecht abprallen, weil er schon lange verinnerlicht hat, dass er als Mensch gut und wertvoll ist. Somit bietet man dem Kritiker viel weniger Angriffsfläche. Bis zu diesem Zustand ist es aber ein ganz schönes Stück Arbeit, da es in der Welt immer Kritiker geben wird, die etwas auszusetzen haben. Wenn Sie innerlich robuster werden, wird Ihnen das nicht mehr so viel anhaben können, weil Sie damit nicht mehr so stark in Resonanz gehen wie früher. Sie kennen Ihren Wert und haben gelernt, Dinge auch in einem anderen Licht zu betrachten. Meinungen sind immer sehr subjektiv und entsprechen oft nicht der Wahrheit. Auch die eigene Resilienz ist subjektiv. Es hängt von der eigenen Wahrnehmung ab, wie die Reaktion auf bestimmte Meinungen ausfällt.

Bei der destruktiven Kritik wird zwischen Verhalten und Persönlichkeit nicht mehr unterschieden, was gravierende Folgen haben kann. Im Buddhismus legt man hierauf besonderen Wert. Hierbei wird zwischen dem Wert des Menschen und seinen Verhaltensweisen klar unterschieden. Man geht davon aus, dass der Mensch im Kern grundsätzlich in Ordnung ist, seine Verhaltensweisen jedoch nicht immer. Viele Verhaltensmuster, die schädlich sind, werden durch frühkindliche Prägungen und andere Erfahrungen antrainiert.

Gehen wir also davon aus, dass der Mensch in seinem tiefsten Wesenskern eigentlich in Ordnung ist und es an den konditionierten Glaubensmustern und unerlösten Traumata liegt, die auf die Außenwelt projiziert werden, dass so viel Schlimmes in der Welt passiert. Im Kontext der Resilienz ist es durchaus ratsam, das Verhalten nicht zu eng an den persönlichen Wert zu knüpfen.

Abgrenzung sollte auch in die andere Richtung laufen. Können Sie den freien Willen eines Menschen respektieren oder haben Sie oft Mühe damit, ein »Nein« zu hören?

Andere Menschen verhalten sich oft nicht so, wie man will, und deshalb kommt es gerne zu Konflikten aller Art. So wie Sie selbst klare Grenzen haben, haben auch andere Menschen ihre Grenzen und ihren freien Willen. Den eigenen Willen jemandem aufzudrängen, ist übergriffig. Eine andere Person zu kontrollieren, steht einem nicht zu. Wenn z. B. ein Mann eine Frau attraktiv findet und sie unbedingt für sich haben will, sollte das nur mit beidseitigem Einverständnis geschehen. Eine Frau mit allen Mitteln »rumkriegen« und manipulieren wollen, verletzt auch schon den freien Willen der Frau, besonders dann, wenn mit Nachdruck gearbeitet wird. Ein Ziel, innerhalb der Grenzen eines anderen Menschen zu setzen, ist auch schon eine Missachtung des freien Willens, und deshalb beinhaltet der Aufbau der Abgrenzungsfähigkeit auch beide Seiten – die eigene und auch die der anderen Person.

An dieser Stelle möchte ich das Thema der Abgrenzung abschließen. Im praktischen Leben gibt es immer wieder Möglichkeiten, zu reflektieren, wie weit man in der eigenen Entwicklung vorangekommen ist und wo noch Potential besteht. Defizite und Auffälligkeiten können in das Kontrollbuch eingetragen werden. Es können aber genauso Fortschritte und persönliche Erfolgserlebnisse eingetragen werden. Manche beschweren sich, dass sie keine Fortschritte machen und ewig mit einer Sache zu kämpfen haben. Die Notizen können dabei helfen, sich an bestimmte Tage zu erinnern, an denen es gut lief. Leider haben viele von uns die Gewohnheit, sich mehr an die negativen Erfahrungen zu erinnern als an die positiven.

Gute Erlebnisse sind schnell vergessen und das nächste Ziel muss gleich wieder erreicht werden. Negative Dinge hängen oft ewig nach und können sogar im Detail nacherzählt werden. Das ist menschlich und geht scheinbar allen so. Wenn Sie sich Ihre Erfolge immer wieder vor Augen führen, kann auch dieses Muster verändert werden. Sie installieren sozusagen einen neuen Wahrnehmungsfilter und dürfen sich auch für Ihre Erfolge loben. Auch wenn Sie mit dem Leben momentan unzufrieden sind, haben Sie dadurch auch wieder Momente, in denen Sie erkennen, dass es vielleicht doch nicht so schlimm ist.

Selbstmanagement

Die vorherigen Elemente arbeiten mehr auf der psychologischen Ebene und richten sich hauptsächlich nach innen. Da hier die Resilienz auch von äußeren Faktoren untersucht wird, soll an dieser Stelle auf ein paar Dinge aufmerksam gemacht werden, die mitverantwortlich sind. Die nachfolgenden Themen sind Ihnen wahrscheinlich bekannt, sollen aber um ein paar Nuancen ergänzt werden.

Das folgende Modell stammt von Hippokrates. Er war ein griechischer Arzt und Lehrer. Er wurde um 460 v. Chr. auf der griechischen Insel Kos geboren und starb um 370 v. Chr. in Larisa, Thessalien. Hippokrates galt als der berühmteste Arzt des Altertums und wurde als »Vater der

Medizin« bezeichnet. Er behandelte den Menschen ganzheitlich, indem er dessen natürliche Heilungskräfte durch Diät, Umstellung der Lebensweise und Medikamente in Form pflanzlicher Inhaltsstoffe anregte.

Der hippokratische Eid geht auf ihn zurück und gilt als erste grundlegende Formulierung der ärztlichen Ethik, der aber in der heutigen Zeit oft vergessen wird.

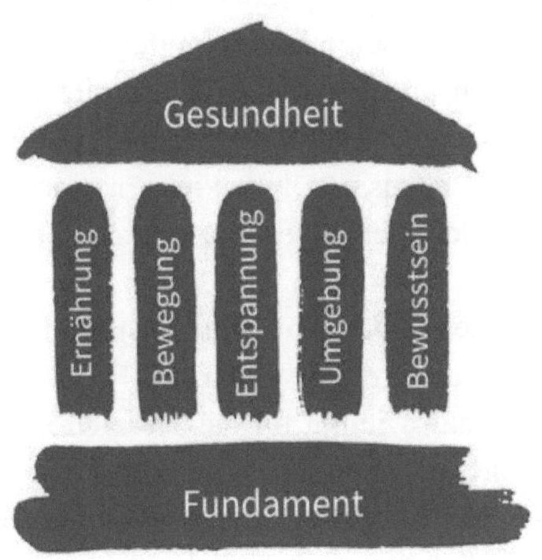

Abb. 1 Die Säulen der Gesundheit nach Hippokrates

Resilienz kann etwas sehr Individuelles sein. Für den Aufbau können viele unterschiedliche Methoden herangezogen werden und die Gestaltung orientiert sich an der persönlichen Vorliebe. Die fünf Säulen der Gesundheit bieten einen groben Überblick über verschiedene Lebensbereiche. Genau wie Hippokrates bedienen wir uns eines ganzheitlichen Ansatzes, der Körper, Geist und Seele mit einschließt.

Bei der Ernährung gibt es dazu umfassende Literatur und Empfehlungen auf dem Markt, und deshalb soll hier nicht weiter darauf eingegangen werden. Jeder sollte selbst herausfinden, welche Ernährungsweise für ihn geeignet ist. Wie bekannt ist, scheiden sich oft die Geister, da es für ein und dasselbe Lebensmittel sehr unterschiedliche Meinungen und Studien gibt. Es gibt Studien, wo ein bestimmtes Lebensmittel als gesund gilt, und andere, wo das gleiche Lebensmittel als krebserregend eingestuft wird. Da stellt sich die Frage, was man denn nun glauben soll.

Das mit der bekannten Ernährungspyramide ist auch so eine Sache. An der Spitze stehen die Fette. Heute weiß man, dass die Fette wichtig für das Herz-Kreislaufsystem sind und in eine ausgewogene Ernährung eingebaut werden sollten. Ernährung ist ein sehr komplexes Thema, gehört aber zum täglichen Leben dazu und kann auch dazu dienen, die Resilienz zu fördern.

Bewegung und Sport sind für viele Menschen unerlässlich und gehören zum festen Bestandteil des Lebens. Wenn es um den Aufbau der Resilienz geht, werden Sie nach einer Weile merken, ob die körperliche Aktivität einen wirklichen Unterschied für Sie macht. Es gibt Menschen, die körperlich sehr aktiv sind und immer fleißig Sport treiben und dennoch psychisch angeschlagen sind. Es gibt auch jene, die sich immer gesund ernähren, keinen Alkohol trinken und sich dennoch müde und antriebslos fühlen. Die einzelnen Faktoren sind dabei sehr vielseitig.

Wichtig ist aber Folgendes: Finden Sie heraus, zu welchem Typ Sie gehören. Ist Ihre Ernährung nicht so vorbildlich und fühlen Sie sich psychisch trotzdem stark, sind es wahrscheinlich die seelischen Dinge, die Ihnen beim Aufbau der Resilienz am besten helfen werden. Was bestimmt im Wesentlichen Ihre Vitalität? Bestimmte Geistheiler und Schamanen gehen davon aus, dass die Psyche dem Körper übergeordnet ist. Wenn also der Körper krank wird, muss zuerst die Seele erkrankt sein oder in irgendeiner Form aus dem Gleichgewicht geraten sein.

Achten Sie einmal auf das Wort »Psychosomatik«. Wie hier zu erkennen ist, kommt das Wort »Psyche« an erster Stelle. »Soma« ist in der Medizin die Bedeutung für den Körper des Menschen. Es gibt viele Fälle, in denen körperliche Beschwerden nicht geheilt werden können, da die Psyche nicht berücksichtigt wird. Erst wenn auf der übergeordneten Ebene Heilung geschieht, kann auch der Körper vollständig gesund werden.

Da Sie dieses Buch lesen, gehören Sie vielleicht auch zu den Menschen, für die eine gesunde Psyche mehr zum Wohlbefinden beiträgt als eine penible Ernährung. Damit soll nicht gesagt werden, dass das eine oder das andere besser oder wertvoller ist, aber im Normalfall ist eine Tendenz in die eine oder andere Richtung zu spüren.

In meiner alten Stadt kannte ich jemanden, der sehr viel geraucht und getrunken hatte. Er lebte von der Sozialhilfe und war im mittleren Alter. Er arbeitete nicht, hatte nie eine Beziehung zu einer Frau und lebte alleine mit seinen vier Katzen. Beide Eltern waren verstorben und soweit ich weiß, hatte er auch sonst kaum Beziehungen zu anderen Familienmitgliedern. Er lebte in einer etwas heruntergekommenen Gegend, wo wenig los war und sich merkwürdige Leute herumtrieben. Sein Hobby war es, Sportsendungen zu schauen und dazu reichlich Alkohol zu trinken und an manchen Abenden eine ganze Schachtel Zigaretten zu rauchen. Er achtete weder auf seine Ernährung noch auf seine körperliche Gesundheit. Sein Aussehen war ihm auch ziemlich egal. Die Kleidung war alt und sonderte einen strengen Geruch ab. Er sah keinen Sinn im Leben, war aber immer gut gelaunt, als ich ihn manchmal traf. Er galt bei den Nachbarn als freundlich und hilfsbereit. Dieser Mensch ist mir bis heute ein Rätsel. Obwohl er in solchen Verhältnissen lebte und sich wenig leisten konnte, wirkte er nie so, als ob es ihm schlecht ginge. Man konnte sagen, dass er psychisch stabil war – nicht charakterstark, aber stabil. Ich habe mich oft gewundert, wie so ein Mensch es schafft, nicht depressiv zu werden, ja nicht einmal melancholisch zu sein. Vielleicht lag es an den Katzen. Er hatte keine psychologischen Kenntnisse und wahrscheinlich nie in seinem Leben ein Buch gelesen, war aber dennoch in der Lage, seine Stimmung zu kontrollieren. Ich habe schon sehr lange keinen Kontakt mehr zu ihm und kann deshalb nicht sagen, wie es ihm heute geht. Ich bezweifle aber, dass so ein Lebensstil auf Dauer gut ausgehen kann.

An diesem Beispiel können wir sehen, dass die körperliche Ebene nicht immer ausschlaggebend sein muss. Sie spielt sicher eine wichtige Rolle, aber der Körper verzeiht auch vieles von dem, was wir ihm antun – zumindest für eine gewisse Zeit. Das soll keine Ermutigung sein, auch so zu leben und sich gehen zu lassen. Es soll nur darum gehen, herauszufinden, welche Aspekte für Sie hilfreich sind, um Ihre Resilienz zu steigern. Wenn eine Säule nicht so stabil ist, kann sie mit einer anderen ausgeglichen werden. Die Betonung liegt hier auf »ausgeglichen« und nicht auf einer ungesunden Kompensation.

Das Bewusstsein wurde bereits ausführlich behandelt und wird später noch einmal beleuchtet. Bewusstsein ist sozusagen die geistig-seelische Ebene, also die kognitiven und emotionalen Vorgänge.

Beim Bewusstsein, der Entspannung, der Ernährung und der Bewegung haben wir es selbst in der Hand, wie wir unser Leben gestalten. Bei der Umgebung wird es allerdings schon schwieriger, da ein aktives Leben verlangt, sich in der Welt fortzubewegen. Die Umweltbelastung ist deutlich spürbar und die Maßnahmen, die gesetzt werden, reichen oft nicht aus, um die Gesundheit zu schützen. Die Luftverschmutzung hat immer stärkere Auswirkungen auf die menschliche Gesundheit und wird zum zweitwichtigsten globalen Risikofaktor für den Tod erklärt. Die Forschungen des Health Effects Institute (HEI), einer unabhängigen, gemeinnützigen Forschungsorganisation mit Sitz in den USA, zeigen, dass die Luftverschmutzung im Jahr 2021 weltweit für 8,1 Millionen Todesfälle verantwortlich war. Über diese Todesfälle hinaus leben viele weitere Millionen Menschen mit schwächenden chronischen Krankheiten, die eine enorme Belastung für Gesundheitssysteme, Volkswirtschaften und Gesellschaften darstellen.

Die Untersuchungen bestätigen, dass Kinder unter fünf Jahren besonders gefährdet sind, mit gesundheitlichen Folgen wie Frühgeburten, niedrigem Geburtsgewicht, Asthma und Lungenerkrankungen. Im Jahr 2021 wurde die Belastung durch Luftverschmutzung mit mehr als 700.000 Todesfällen bei Kindern unter fünf Jahren in Verbindung gebracht, was sie nach Mangelernährung zum zweithäufigsten Risikofaktor für Todesfälle in dieser Altersgruppe weltweit macht. Unglaubliche 500.000 dieser Todesfälle bei Kindern waren auf die Luftverschmutzungen in den Haushalten zurückzuführen, die durch das Kochen mit umweltschädlichen Brennstoffen verursacht wurden, vor allem in Afrika und Asien. Was können wir also tun, um eine gesunde Umgebung zu schaffen? Inmitten der Großstadt kann sich jemand kaum dem Verkehrslärm und den stinkenden Abgasen entziehen. Viele Menschen haben auch keine andere Wahl, da sie beruflich in die Stadt müssen und auf ihren Job angewiesen sind. Solchen Situationen kann kaum ausgewichen werden, da sie das tägliche Leben bestimmen. Wie immer kann aber auch hier ein Ausgleich gefunden werden. Da im Normalfall nicht 24 Stunden am Tag gearbeitet wird, sollte noch ein wenig Zeit übrig sein, sich außerhalb der Arbeit zu regenerieren.

Hier haben sich z. B. Waldspaziergänge gut bewährt. Bewusste Bewegung im Wald aktiviert außerdem den Parasympathikus und stellt dann das ganze System auf Regeneration ein. Bei den Japanern ist das »Waldbaden«

deswegen fester Bestandteil von Therapiekonzepten, sowohl psychischer Leiden als auch von Herz-Kreislauf- und Atemwegsbeschwerden. Die Waldluft ist Balsam für die Atemwege, und nach einem längeren Aufenthalt im Wald fühlen sich Menschen erfrischt und gestärkt. Der Körper produziert mehr Killerzellen. Das sind jene machtvollen Abwehreinheiten des Immunsystems, die Krankheitserreger und potenzielle Tumorzellen bekämpfen. Diesen Effekt führen die Wissenschaftler auf eine Gruppe botanischer Duftstoffe zurück, die wir im Wald einatmen: die Terpenoide. Medizinisch besonders wirksam sind vor allem jene Art Terpenoide, die Nadelbäume wie etwa Fichten, Kiefern und Tannen verströmen. Unter Laborbedingungen haben Wissenschaftler Terpenoide Zellkulturen zugefügt, die keimende Tumoren enthielten, und die Naturstoffe töteten die Krebszellen ab. Ein Waldspaziergang senkt auch die Stresshormone wie z. B. das bekannte Cortisol. Dieses Hormon kann dabei helfen, hohe Leistungen zu erbringen. Ein dauerhaft erhöhter Cortisolspiegel wirkt sich aber negativ auf die Gesundheit aus. Aus gutem Stress wird schlechter Stress. Was viele auch nicht wissen, ist, dass dieses Hormon die körpereigenen Eiweißspeicher angreift. Dies ist vor allem bei Sportlern problematisch, da auch das Muskeleiweiß angegriffen wird. Im Bereich des Bodybuilding- und Kraftsports kann das erhebliche Leistungsverluste bedeuten. Es gibt bestimmte Athleten, die an Bühnenshows teilnehmen und eine sehr gute Form haben. Am nächsten Tag sehen sie in den Spiegel und können mit ihrem geschulten Auge bereits optische Veränderungen des Körpers entdecken, die ihnen den Sieg kosten können. Was ist passiert? Durch die Nervosität und den inneren Druck wird im Körper Cortisol ausgeschüttet und lässt die Schönheit buchstäblich über Nacht »dahinwelken«. Die Athleten wissen nicht genau, was passiert ist, und sind geschockt, wie es in so kurzer Zeit zu solchen optischen Verschlechterungen kommen konnte. Man kann also davon ausgehen, dass Cortisol auch einen großen Einfluss auf die Schönheit und das Aussehen hat, da es die eigenen Eiweißreserven, darunter auch Kollagen, das für die Hautelastizität zuständig ist, angreift.

Regelmäßige Spaziergänge in der Natur sind kostenlos und eine natürliche Maßnahme zur Erhaltung der Gesundheit. Gönnen Sie sich also ruhig ein paar kräftige Atemzüge und fluten Sie den ganzen Körper mit der Waldluft. Stellen Sie sich vor, Sie sind wie ein Schwamm, der frischen Sauerstoff aufsaugt und diesen in jede Körperzelle aufnimmt. Der Körper wird es Ihnen danken.

Der Grund, warum wir uns im Wald wohlfühlen, hängt nicht nur mit den Terpenoiden der Bäume zusammen, sondern auch mit kleinen elektrischen Teilen, die sich durch die Luft bewegen – den sogenannten negativen Ionen (Anionen). Diese Teile reichern sich in der Natur durch kosmische Strahlung an. »Negativ« darf hier nicht bewertend verwendet werden, sondern es bezieht sich lediglich auf die elektrische Ladung eines Atoms. Im Wald, bei Flüssen und Wasserfällen ist die Konzentration besonders hoch. Es ist daher nicht verwunderlich, warum gerade Wasserfälle uns geradezu magisch anziehen. Der

Aufenthalt in der Nähe eines Wasserfalles ist nicht nur ein schöner Anblick, sondern wirkt auch immer sehr erfrischend. Auch die Meeresluft hat diesen erfrischenden Effekt, da auch hier die Anzahl an den elektrischen Teilchen höher ist. Leider werden aber auch an vielen Orten diese Wirkungen reduziert, da diese Plätze oft vom Massentourismus überrannt werden. In Einkaufszentren, Produktionsstätten und sehr dicht besiedelten Wohngebieten ist die Konzentration der negativen Ionen deutlich geringer. Durch die übermäßige Benutzung von elektrischen Geräten verschiebt sich das Verhältnis und die positiven Effekte für die Gesundheit nehmen ab. Es gibt auch Luftfilter mit Ionisatoren, die gerne von Allergikern benutzt werden, oder um einfach nur ein besseres Raumklima zu schaffen. Diese Geräte erzeugen dabei künstliche Anionen und sollen dabei helfen, schädliche Partikel und Mikroorganismen zu neutralisieren. Hier ist jedoch Vorsicht angesagt, denn viele Geräte erzeugen auch Ozon als Nebenprodukt. Ozon ist ein Oxidationsmittel und kann in hohen Mengen gesundheitsschädlich sein. Deshalb ist der Gang in die Natur die bessere Alternative.

Neben der Natur kann aber auch die eigene Wohnung zum Kraftort gemacht werden. Die Ideen sind hier sehr vielfältig, wie z. B. das Feng Shui. Eine einfache Methode gegen schlechte Stimmung ist auch das Räuchern. Es findet bei vielen Ritualen im spirituellen Bereich für die feinstoffliche Reinigung Anwendung. Sie müssen aber kein spiritueller Mensch sein, um sich von den Vorteilen eines Räucherrituals zu überzeugen. Solche Rituale waren schon immer ein fester Bestandteil in vielen Kulturen und sind auch bei Naturvölkern sehr beliebt. Die Gründe für das Räuchern können sehr vielseitig sein. Es dient zur Reinigung, Entkeimung, Klärung und dem Schutz gegen unerwünschte Energien. Beliebte Räucherstoffe für die Wohnungsreinigung sind Salbei, Copal oder Weihrauch. Es können aber auch andere Stoffe miteinander kombiniert werden. Da es sich bei der Arbeit am eigenen Charakter zum größten Teil um eine Arbeit an den eigenen Gedanken und Emotionen handelt, kann diese Reinigung hier sehr unterstützend sein. Gedanken, Worte und Emotionen sind Formen von Energie, die ausgesendet werden. Wenn sehr intensiv an der eigenen Persönlichkeit gearbeitet wird, kommt auch sehr viel im Inneren des Menschen in Bewegung. Wie wir beim Schattenprinzip erkannt haben, hat der Mensch nicht nur positive, sondern auch negative Eigenschaften. Diese Anteile können durch die seelische Arbeit hochkommen und auch sehr deutlich wahrgenommen werden. Das, was wahrgenommen wird, wird auch ausgestrahlt.

Wenn Sie eine Wohnung betreten, können Sie schon gleich von Anfang an eine bestimmte Atmosphäre wahrnehmen. Es gibt Räume, in denen wir uns komisch und unwohl fühlen, ohne genau zu wissen, warum das so ist. Oftmals können wir das nicht beschreiben, doch es ist deutlich zu spüren, dass irgendetwas nicht stimmt. Wenn sich bestimmte Leute in einem Raum aufhalten, kann dieses Phänomen genauso vorkommen, und ich bin mir sicher, dass jeder von uns das schon einmal erlebt hat. Personen, die sehr feinfühlig sind, sind auch sensibler für solche Energien. Manche vertragen solche Orte sehr schlecht und finden darin einfach keine Ruhe. Der Raum wirkt schwer und erdrückend. Diese negativen Schwingungen können nicht gesehen, gehört oder geschmacklich wahrgenommen werden. Der Sinn, mit dem diese Energien am deutlichsten wahrgenommen werden, ist der Gefühlssinn.

Um konzentriert arbeiten zu können, ist es wichtig, einen Raum für Entwicklung zu schaffen. Dieser Raum sollte möglichst rein bleiben und die Kreativität anregen. Befinden sich zu viele negative Energien in den eigenen Wohnräumen, wird es schwierig, weil der Ort unharmonisch wirkt. Wenn Sie also merken, dass Sie sich in Ihrer Wohnung oft unwohl fühlen, ständig müde oder gereizt sind, kann das ein Hinweis sein, dass die Atmosphäre verunreinigt ist. Auch Schlafprobleme oder der berühmte »Brainfog«, also ein Gefühl, dass der Kopf von einem Nebel umgeben ist, können auftreten. »Müde Augen können keine strahlende Zukunft sehen«, heißt es. Wenn jemand viel Groll, Ärger und Schuld in sich trägt, strahlt er das auch aus. Wir können davon ausgehen, dass wir permanent etwas ausstrahlen. Geht jemand durch seine inneren Prozesse, können auch intensive Emotionen und Gedanken hochkommen, die dann auch die Atmosphäre in der eigenen Wohnung stark beeinflussen. Sie können sich das Ganze in etwa so vorstellen, als ob Sie in Ihrem eigenen emotionalen Schmutz sitzen und darin täglich baden – auch wenn es Ihnen nicht immer bewusst ist. Für das Wohlbefinden ist es aber abträglich. Hinzu kommen auch Energien von außen, die gerne an Menschen hängen bleiben, welche dafür empfänglich sind und somit in das eigene Heim getragen werden.

Ich möchte hier ein Beispiel erzählen, warum das Räuchern so wertvoll sein kann:

In meiner alten Wohnung beschloss ich, mir ein paar Hanteln zu kaufen, damit ich mein Krafttraining auch zu Hause durchführen konnte. Das Fitnesscenter war mir oft zu voll und so habe ich angefangen, in meiner Wohnung zu trainieren. Ich war ganz zufrieden mit meinem Training, aber irgendwann kam ich in eine Phase, in der meine Leistungen schlechter wurden. Ich hatte an meinem Trainingsplan und meiner Ernährung nichts verändert, aber meine Leistung wurde von Tag zu Tag schlechter. Das Training kam mir immer anstrengender vor und ich brauchte zwischen den einzelnen Sätzen deutlich längere Pausen. Meine Atmung wurde schwerer und ich schwitzte mehr als sonst. Ich wusste nicht, was los war. Mein Körper hatte sich sehr schwer angefühlt und auch die Gewichte kamen mir schwerer vor als sonst. Meine Trainingseinheit dauerte normal eine Stunde, doch ich konnte nicht mehr länger als eine halbe Stunde trainieren. Ich war zu erschöpft und hatte überhaupt keine Motivation mehr. Das ging ein paar Wochen so weiter. Normalerweise wird so ein Leistungsabfall durch eine Krankheit oder einen größeren Verlust von Muskelmasse oder hormonellen Störungen verursacht. Weder das eine noch das andere war bei mir der Fall. Mein Spiegelbild zeigte mir, dass ich mich optisch nicht verändert hatte, und ich wusste immer noch nicht, wie so etwas möglich war. »Ich bin doch noch nicht so alt«, dachte ich mir. Viele Menschen behaupten, dass der Körper mit dreißig rapide abbaut und es von da an nur noch bergab geht. Ich spielte mit dem Gedanken, mich untersuchen zu lassen. Ich hatte im Internet nach Antworten gesucht und mich gefragt, an was es denn nun liegen könnte. Durch mehrere Stunden Recherche kam ich auf die Idee, meine Wohnung auszuräuchern. »Vielleicht könnte es an der Luft liegen«, dachte ich. Einen Versuch war es mir wert. Ich schloss alle Fenster, öffnete alle Schränke und Schubladen und hatte daraufhin so viel Harz (ich benutze gerne weißen Copal) verräuchert, dass es in der ganzen Wohnung nebelig war. Interessant ist auch, dass die Rauchmelder beim Räuchern nicht angehen, da es sich dabei nicht wirklich um Rauch handelt, sondern eher um Dampf, wie ich von einem Räucherexperten gehört habe. Es gibt aber auch Ausnahmen bei anderen Räuchermischungen. Nach zehn Minuten öffnete ich alle Fenster und ließ den Nebel aus der Wohnung ziehen. Am nächsten Morgen war alles wie früher. Meine Leistungen stiegen wieder und ich konnte wie gewohnt weiter trainieren. Die schlechte Stimmung in der Wohnung war verschwunden und ich konnte mich wieder besser konzentrieren. Ich wurde also buchstäblich von meinen eigenen negativen Emotionen erdrückt, weil diese meine Wohnung nicht verlassen konnten. Der Räucherstoff hat die Eigenschaft, diese destruktiven Emotionen an sich zu binden und aus der Wohnung zu befördern. Dreimal am Tag zu lüften, reicht in diesen Fällen nicht aus. Wenn ich zum Arzt gegangen wäre, hätte er mir wahrscheinlich ein Medikament verschrieben, das dieses

Problem nicht aus der Welt geschafft hätte, sondern mir vielleicht sogar noch ein paar Nebenwirkungen beschert hätte. Wenn ich ihm etwas über eine »merkwürdige Energie« in meiner Wohnung erzählt hätte, wäre ich wahrscheinlich nur belächelt worden.

Dieses Beispiel zeigt, wie wichtig die Psychohygiene der eigenen Wohnstätte ist. Es muss sich nicht immer um solche Phänomene handeln, doch die Qualität, die wir in unserer Umgebung haben, darf nicht unterschätzt werden.

Dieses Beispiel soll Ihnen nicht nur dabei helfen, die persönliche Resilienz zu steigern, sondern es soll auch Zusammenhänge aufzeigen und Hinweise auf Stolpersteine liefern, die Sie auf Ihrem Weg noch gar nicht berücksichtigt haben und genau deshalb Ihren Erfolg sabotieren können.

Das Prinzip der Wechselwirkung und der Synergie

Fassen wir also kurz nochmal die wichtigsten Punkte zusammen. Die beschriebenen Faktoren sind nicht getrennt voneinander zu betrachten. Bei der Beschäftigung mit diesen wird man erkennen, dass die einzelnen Punkte eng miteinander verknüpft sind und sich gegenseitig stark beeinflussen. Es besteht also eine Wechselwirkung untereinander, die für die Arbeit günstig ist. Das Selbstwertgefühl ist hier bereits so weit ausgeprägt, dass das Bedürfnis entsteht, es zu schützen. Man nimmt zur Kenntnis, dass es an der Zeit ist, in die Eigenverantwortung zu gehen, und es entsteht der Drang, neue Wege zu beschreiten.

Sich gegen unerwünschte Einflüsse abzugrenzen, ist bereits eine klare Entscheidung. Man will nicht mehr alles dem Schicksal überlassen und trachtet nach neuen Wegen. Bestimmte Lebensbereiche werden untersucht und es wird wieder die Entscheidung getroffen, dass man damit beginnt, an sich und dem eigenen Charakter zu arbeiten. In welchem Bereich gestartet wird, ist dabei zweitrangig – wichtig ist, dass man überhaupt anfängt und nicht wartet, bis man keine Kraft mehr hat. Man beginnt da, wo man steht, und geht von diesem Punkt aus weiter. Wenn ein Faktor entwickelt wird, ist es auch leichter, an den anderen zu arbeiten. Ideal ist es, wenn sich irgendwann ein Flow-Zustand einstellt. Der Prozess wird dann als natürlich empfunden und nicht mehr als Problem gesehen. Es muss nicht erst eine ausgeprägte Resilienz vorhanden sein, um sich gegen destruktive Einflüsse behaupten zu können. Das Recht, sich zu behaupten, haben Sie auch jetzt schon. Sich selbstsicher zu behaupten und für die eigenen Werte einzustehen, in der Verantwortung zu bleiben und die Opferrolle zu verlassen, führt geradewegs dazu, dass die innere Widerstandsfähigkeit wächst. Wenn das seelische Immunsystem robuster wird, ist es auch wiederum einfacher, für sich selbst einzustehen, da die Angst vor Gegenwind nicht mehr so groß ist und auch besser verkraftet wird. Das Prinzip der Wechselwirkung macht deutlich, dass bestimmte Denk-, Gefühls- und Verhaltensweisen, welche die Resilienz steigern, zugleich auch Ausdruck einer gut entwickelten Resilienz sind. Jede Ursache hat also eine Wirkung und jede Wirkung hat eine Ursache. Durch die Vorteile, die im Leben sichtbar werden, wächst auch das Bedürfnis, sich daran zu orientieren und diese mehr und mehr in das eigene Leben zu integrieren. Wenn jemand uns persönlich angreifen will, wird die Souveränität aktiviert, die uns dazu veranlasst, schnell eine Lösung zu finden. Die einzelnen Elemente können also miteinander kombiniert werden und verstärken sich dabei auch gegenseitig – sie schaukeln sich also gegenseitig auf. Wenn jetzt z. B. die Souveränität, Verantwortung und Entscheidungsfähigkeit gut ausgebildet sind, kann es so empfunden werden, dass nicht drei, sondern viele Eigenschaften gleich mitentwickelt wurden. Das können Dinge wie die eigene Kommunikationsstärke oder auch eine offenere Haltung gegenüber dem Leben sein. Auch die Schlafqualität kann sich verbessern oder es wird gleichzeitig auf eine bessere Ernährung geachtet. Sie haben dann das Gefühl, dass sich Ihr Leben neu ordnet, obwohl Sie nicht gleich an allen Stellen etwas verändert haben.

Aristoteles sagte: »Das Ganze ist mehr als die Summe seiner Teile.«

Kapitel 4

Die inneren Antreiber

Innere Impulse und belastende Gewohnheiten

Jetzt wollen wir uns den inneren Impulsen zuwenden, die plötzlich auftreten können oder schon sehr lange im Inneren wirken. Die Bausteine der Resilienz sind komplex und oft wird eine längere Zeit benötigt, um sie zu entwickeln. Es kann vorkommen, dass anfangs die Motivation hoch ist und nach einer Weile wieder sinkt. Das ist aber normal und geht den meisten so. Es geht nicht immer nur vorwärts, und viele Dinge brauchen ihre Zeit, um reifen zu können. Oftmals brauchen wir eine Weile, um uns auf ein Konzept einzustimmen, um damit überhaupt richtig arbeiten zu können. Gerade neue Dinge können uns Angst machen und wir fragen uns, ob es gut geht. Geduld und Ausdauer sind hier Grundbedingungen, damit der Prozess nicht unterbrochen wird oder man schließlich ganz aufgibt. Es gibt aber Momente, in denen es auch schnellere Lösungen braucht. Die Zeit reicht manchmal nicht aus, um über komplexe Dinge nachzudenken. Es gibt stressvolle Situationen, in denen eine schnelle Abhilfe notwendig sein kann, um nicht aus der Bahn geworfen zu werden. Die Bausteine im letzten Kapitel können dazu

verwendet werden, eine langfristige Entwicklung anzu-
streben, damit die innere Stärke dauerhaft vorhanden ist
und bleibt. Bei den inneren Antreibern können Impulse
schnell erkannt und gelenkt werden.

Es gibt Situationen, in denen wir feststellen, dass wir
immer wieder in ein bestimmtes Muster verfallen. Diese
Muster sind schon so zur Gewohnheit geworden, dass wir
sie für normal halten. Sie begleiten uns schon sehr lange
und wurden in der Vergangenheit erlernt, und manchmal
wirken diese Muster wie Fangarme, die um sich greifen
und das Opfer an sich reißen wollen. Dabei handelt es
sich um übernommene Denk-, Gefühls- und Verhaltensmuster. In vielen Fällen wurden sie von den Eltern übernommen oder auch von Bekannten und Freunden. In der
Schule wird uns auch vieles eingetrichtert, was später
aber nicht mehr dient! Es ist nicht nur das Wissen, das
aufgenommen wird, sondern es sind auch viele Gewohnheiten, die man kaum mehr los wird. Diese sind so präsent, dass sie auf der ganzen Welt zu sehen sind. Gewohnheiten werden von Generation zu Generation wei-
tergegeben und sind uns derart in Fleisch und Blut über-
gegangen, dass man schon fast davon ausgehen kann, sie
seien vererbt. An dieser Stelle ist es nicht so wichtig, woher genau diese Muster kommen. Über dieses Thema
könnte man streiten, aber das würde nur wieder in
Schuldzuweisungen und Groll enden. Einen Schuldigen
zu finden ist keine schwere Sache, bringt uns aber auch
nicht wirklich weiter. Wir könnten unseren Eltern die
Schuld geben und sie dafür verantwortlich machen, warum wir so verkorkst sind, aber das macht es nicht unge-

schehen. Als Erwachsener besteht die Aufgabe darin, zu erkennen, dass wir die Macht haben, diese Muster zu verändern, unabhängig davon, wie sie entstanden sind. Wenn Sie wissen, wie Ihre ungesunden Muster entstanden sind, ist das gut – wenn nicht, können Sie trotzdem daran arbeiten. An früherer Stelle wurde bereits über die inneren Programme und Verhaltensweisen gesprochen, und genau da werden wir jetzt anknüpfen.

Wenden wir uns nun den inneren Antreibern zu, die auch genau das tun – sie treiben uns an. Das klingt vorerst nicht so schlecht. Genauso wie es auch ungesunden Stress gibt, gibt es auch ungesunde Antreiber, die Stress erzeugen. Wenn wir ehrlich sind, kann uns gar niemand stressen – wir lassen uns nur stressen. Diese Antreiber zu entlarven, ist nicht so schwer, wenn wir ihren Charakter kennenlernen, da sie oft sehr deutlich zu uns sprechen. Es kann die Stimme im Kopf sein, die Befehle gibt oder einfach keine Ruhe geben will. Es ist eine Stimme, die uns einredet, nicht gut genug zu sein oder alles alleine schaffen zu müssen. Manchmal verfallen wir dieser Stimme und tun genau das, was sie sagt. Man könnte die Antreiber als innere Dynamiken bezeichnen, die zu zwanghaftem Verhalten führen. Dadurch sind wir nicht mehr Herr der Lage und lassen uns praktisch von uns selbst herumkommandieren. Manche Antreiber wirken oft sehr unbewusst und greifen gerne aus dem Hinterhalt an.

Das Modell der inneren Antreiber gehört zu der Transaktionsanalyse, die in den 1950er und 60er Jahren begründet wurde. Die erste Beschreibung stammt vom Amerikaner Taibi Kahler. Bei dieser Analyse ging es ursprünglich um das Aufdecken von Störungen in der Kommunikation. Aus diesen Forschungen sind die fünf Antreiber entstanden. Nicht nur bei der Arbeit, sondern auch im Privatleben lassen sich diese Antreiber sehr gut beobachten.

Es ist davon auszugehen, dass diese inneren Dynamiken nicht rund um die Uhr wirksam sind, sondern nur in bestimmten Situationen. Es gibt aber auch Fälle, wo ein Antreiber als grundlegende Lebenseinstellung angenommen wird und deshalb ständig wirkt, auch wenn er nur sehr latent spürbar ist.

Der nachfolgende Test wird Ihnen zeigen, welcher Antreiber bei Ihnen besonders ausgeprägt ist:

Der Antreiber-Test (nach Prof. Rolf Rüttinger)

Beantworten Sie die Aussagen dieses Tests mit Hilfe der nachstehenden Bewertungsskala (1-5), so wie Sie sich im Moment in Ihrer Berufs- und/oder Privatwelt selber sehen. Markieren Sie den entsprechenden Zahlenwert jeweils oberhalb der entsprechenden Formulierung.

Bitte versuchen Sie, spontan zu antworten und nicht zu erraten, was richtig ist. Es ist auch empfehlenswert, zuerst den Test zu absolvieren und sich erst danach den einzelnen Antreibern zu widmen. Das bewirkt, dass Sie unvoreingenommen sind und sich nicht unbewusst in eine bestimmte Richtung lenken.

Diese Aussage trifft auf mich zu:

VOLL UND GANZ = 5
GUT = 4
ETWAS = 3
KAUM = 2
GAR NICHT = 1

1) 1 2 3 4 5
Wann immer ich eine Arbeit mache, mache ich sie gründlich.

2) 1 2 3 4 5
Ich fühle mich verantwortlich, dass diejenigen, die mit mir zu tun haben, sich wohlfühlen.

3) 1 2 3 4 5
Ich bin ständig auf Trab.

4) 1 2 3 4 5
Wenn ich raste, roste ich.

5) 1 2 3 4 5
Anderen gegenüber zeige ich meine Schwächen nicht gerne.

6) 1 2 3 4 5
Häufig gebrauche ich den Satz: »Es ist schwierig, etwas so genau zu sagen.«

7) 1 2 3 4 5

Ich sage oft mehr, als eigentlich nötig wäre.

8) 1 2 3 4 5

Ich habe Mühe, Leute zu akzeptieren, die nicht genau sind.

9) 1 2 3 4 5

Es fällt mir schwer, Gefühle zu zeigen.

10) 1 2 3 4 5

»Nur nicht locker lassen«, ist meine Devise.

11) 1 2 3 4 5

Wenn ich eine Meinung äußere, begründe ich sie auch.

12) 1 2 3 4 5

Wenn ich einen Wunsch habe, erfülle ich ihn mir schnell.

13) 1 2 3 4 5

Ich liefere einen Bericht erst ab, wenn ich ihn mehrere Male überarbeitet habe.

14) 1 2 3 4 5

Leute, die »herumtrödeln«, regen mich auf.

15) 1 2 3 4 5

Es ist für mich wichtig, von anderen akzeptiert zu werden.

16) 1 2 3 4 5

Ich habe eher eine harte Schale, aber einen weichen Kern.

17) 1 2 3 4 5

Ich versuche oft herauszufinden, was andere von mir erwarten, um mich danach zu richten.

18) 1 2 3 4 5

Leute, die unbekümmert in den Tag hineinleben, kann ich nur schwer verstehen.

19) 1 2 3 4 5

Bei Diskussionen unterbreche ich die anderen oft.

20) 1 2 3 4 5

Ich löse meine Probleme selber.

21) 1 2 3 4 5

Aufgaben erledige ich möglichst rasch.

22) 1 2 3 4 5

Im Umgang mit anderen bin ich auf Distanz bedacht.

23) 1 2 3 4 5

Ich sollte viele Aufgaben noch besser erledigen.

24) 1 2 3 4 5

Ich kümmere mich persönlich um nebensächliche Dinge.

25) 1 2 3 4 5

Erfolge fallen nicht vom Himmel, ich muss sie hart erarbeiten.

26) 1 2 3 4 5

Für dumme Fehler habe ich wenig Verständnis.

27) 1 2 3 4 5

Ich schätze es, wenn andere meine Fragen rasch und bündig beantworten.

28) 1 2 3 4 5

Es ist mir wichtig, von anderen zu erfahren, ob ich meine Sache gut gemacht habe.

29) 1 2 3 4 5

Wenn ich eine Aufgabe einmal begonnen habe, führe ich sie auch zu Ende.

30) 1 2 3 4 5

Ich stelle meine Wünsche und Bedürfnisse zugunsten der Bedürfnisse anderer Personen zurück.

31) 1 2 3 4 5

Ich bin anderen gegenüber oft hart, um von ihnen nicht verletzt zu werden.

32) 1 2 3 4 5

Ich trommle oft ungeduldig mit den Fingern auf den Tisch (ich bin ungeduldig).

33) 1 2 3 4 5

Beim Erklären von Sachverhalten verwende ich gerne die klare Aufzählung: erstens....., zweitens......, drittens...

34) 1 2 3 4 5

Ich glaube, dass die meisten Dinge nicht so einfach sind, wie viele meinen.

35) 1 2 3 4 5

Es ist mir unangenehm, andere Leute zu kritisieren.

36) 1 2 3 4 5

Bei Diskussionen nicke ich häufig mit dem Kopf.

37) 1 2 3 4 5

Ich strenge mich an, um meine Ziele zu erreichen.

38) 1 2 3 4 5

Mein Gesichtsausdruck ist eher ernst.

39) 1 2 3 4 5

Ich bin nervös.

40) 1 2 3 4 5

So schnell kann mich nichts erschüttern.

41) 1 2 3 4 5

Meine Probleme gehen die anderen nichts an.

42) 1 2 3 4 5

Ich sage oft: »Tempo, Tempo, das muss rascher gehen!«

43) 1 2 3 4 5

Ich sage oft: »genau«, »exakt«, »klar«, »logisch«, und ähnliches.

44) 1 2 3 4 5

Ich sage oft: »Das verstehe ich nicht.«

45) 1 2 3 4 5

Ich sage gerne: »Könnten Sie es nicht einmal versuchen?« und sage nicht gerne: »Versuchen Sie es einmal.«

46) 1 2 3 4 5

Ich bin diplomatisch.

47) 1 2 3 4 5

Ich versuche, die an mich gestellten Erwartungen zu übertreffen.

48) 1 2 3 4 5

Ich mache manchmal zwei Tätigkeiten gleichzeitig.

49) 1 2 3 4 5

»Die Zähne zusammenbeißen« heißt meine Devise.

50) 1 2 3 4 5

Trotz enormer Anstrengungen will mir vieles einfach nicht gelingen.

Tragen Sie nun die jeweils erzielten Punkte zu den nummerierten Fragen ein:

»SEI PERFEKT«
  Fragen

1 _____ 8 _____ 11 _____ 13 _____ 23 _____ 24 _____
33 _____ 38 _____ 43 _____ 47 _____

TOTAL ___

»SEI SCHNELL«
Fragen

3 _____ 12 _____ 14 _____ 19 _____ 21 _____ 27 _____ 32 _____ 39 _____ 42 _____ 48 _____

TOTAL ___

»STRENG DICH AN«
Fragen

4 _____ 6 _____ 10 _____ 18 _____ 25 _____ 29 _____
34 _____ 7 _____ 44 _____ 50 _____

TOTAL ___

»MACH ES ALLEN RECHT«
Fragen

2 _____ 7 _____ 15 _____ 17 _____ 28 _____ 30 _____
35 _____ 6 _____ 45 _____ 46 _____

TOTAL ___

»SEI STARK«
Fragen

5 _____ 9 _____ 16 _____ 20 _____ 22 _____ 26 _____
31 _____ 40 _____ 41 _____ 49 _____
TOTAL ___

Auswertung:

bis 30 Punkte: förderlich
ab 30 Punkte: mögliche Gesundheitsbeeinträchtigung
ab 40 Punkte: möglicherweise gesundheitsgefährdend

Stark ausgeprägte Antreiber (ab ca. 30 Punkten) können eine Eigendynamik entwickeln. Sie kontrollieren immer stärker die innere Einstellung und das Verhalten. Man treibt sich selbst immer stärker an, um zu mehr Erfolg und Anerkennung zu kommen, erreicht aber eher mehr Stress (bei sich und anderen) und damit das Gegenteil von dem, was man sich erhofft. Über einer Höhe von ca. 40 Punkten können sich Antreiber sogar gesundheitsgefährdend auswirken.

Die fünf inneren Antreiber:

- Sei stark!

- Sei perfekt!

- Mach es allen recht!

- Streng dich an!

- Sei schnell!

Nach Kahler besitzt jeder Mensch alle Antreiber. Jedoch sind meist einer oder auch zwei besonders stark ausgeprägt. Ein Antreiber ist nicht grundsätzlich schlecht, da er eine Funktion hat, die eng mit den Grundbedürfnissen eines Menschen zusammenhängen. Bedürfnisse wie Sicherheit, Anerkennung, Bindung und Autonomie sollen hier befriedigt werden, und dadurch werden bestimmte »Strategien« entwickelt, um ein Ergebnis zu erreichen. In diesem Fall schaltet sich der Antreiber ein und verwendet seine Strategie, um das Bedürfnis zu erfüllen. Das Problem hierbei ist, dass die Befriedigung auf eine ungesunde Weise passiert, die oft Stress erzeugt und Nachteile mit sich bringt. Oft merken wir gar nicht, dass die Strategie nur weiteren Stress erzeugt, und versuchen uns deshalb noch härter anzustrengen. Dieses Muster gilt es aufzulösen und durch ein konstruktives zu ersetzen.

Sei stark!

Dieser Typ möchte als stark und unabhängig gesehen werden. Menschen, bei denen dieser Antreiber sehr aktiv ist, haben Mühe damit, andere um Hilfe zu bitten, und versuchen, so viel wie möglich alleine zu schaffen. Nach außen hin wird gerne ein Schutzschild aufgebaut, um die eigenen Schwächen zu verbergen. Dieser Typ zeigt wenig Emotionen und hat oft eine starre Mimik. Die Körpersprache wirkt etwas steif und angespannt. Verletzlichkeit zu zeigen, ist nicht angebracht und wird als persönliche Schwäche interpretiert. Dabei kann es sehr schwerfallen, anderen zu vertrauen und sich zu öffnen. Es werden selten Komplimente gemacht und auch nicht gerne angenommen, außer wenn es sich um etwas »Starkes« handelt. Die Fähigkeit, Dinge zu genießen, kann ebenfalls vermindert sein. Diese Form der eigenen Unabhängigkeit kann sehr nützlich sein, allerdings wird oft der Moment verpasst, wo es angebracht wäre, um Hilfe zu fragen.

Wie bereits bei der Abgrenzungsfähigkeit erklärt wurde, dienen die eigenen Grenzen nicht dazu, völlig unabhängig von anderen zu werden, sondern dazu, bei ausgewählten Personen einen Austausch zu pflegen. Dieser Antreiber ist oft bei Männern zu sehen. Nach dem Weg zu fragen, kann da schon zu einer Herausforderung werden, und man sucht lieber stundenlang alleine nach dem Ziel, anstatt einen Moment lang über seinen Schatten zu springen. Hilfe anzunehmen wird manchmal als peinlich und unmännlich bewertet – jedoch können dabei viele Chancen verloren gehen. Hier kann es sich auch um die Angst vor Nähe handeln. Dieser Antreiber lässt andere Menschen nicht so gerne an sich heran und kann dafür sorgen, dass die Person in die Einsamkeit getrieben wird. Die Zähne zusammenzubeißen und die Gefühle zu verdrängen sind typische Merkmale. Bei Intimität kann die Idee aufkommen, dass die persönliche Stärke abnimmt und man zum Weichei wird – schließlich wird angenommen, dass Gefühle und Hingabe ja nur etwas für die Schwachen sind. Das eigene Bedürfnis nach Nähe und zwischenmenschlichen Beziehungen wird somit verdrängt und geleugnet – es wird also in den eigenen Schatten geschoben und nicht akzeptiert. Der eigene Schmerz wird unterdrückt, indem die Muskeln angespannt werden und die Atmung eingeschränkt wird. Die Fähigkeit, unliebsame Emotionen auszuklammern und zu besiegen, wird heute noch von vielen als persönliche Stärke gefeiert. Über psychische Krankheiten wie Depressionen wird lieber nicht gesprochen, weil die Betroffenen sich schämen und sich selbst als Versager sehen. Es werden lieber Mittel verwendet, um den Schmerz zu betäuben. Sich Hilfe zu suchen wird abgelehnt, weil der Antreiber mit Nachdruck verlangt, dass man es selber in den Griff kriegen muss. Die Wirkung des Antreibers kann so stark werden, dass er jemanden dazu bringt, weiter zu leiden und sich in jedem Fall zusammenzureißen. Wenn dieses Muster unkontrolliert wuchert, kann es sehr schwer sein, sich davon wieder zu befreien. Es braucht nicht viel Mut, seine Themen zu verdrängen. Mut ist dann notwendig, wenn es darum geht, seine eigenen Themen zu untersuchen. Man sollte erkennen, wann eine bestimmte Sache angebracht ist und wann nicht.

Wenn Kinder zu früh Verantwortung übernehmen und sich schon um viele Dinge kümmern müssen, kann dieses Muster bereits entstehen. Bestimmt hat es Zeiten gegeben, wo es wichtig war, stark zu sein. Es hat auch Zeiten gegeben, wo es wichtig war, so stark zu sein, um sich gegen andere durchzusetzen, weil das eigene Leben davon abhängig war. »Nur die Starken überleben«, heißt es, oder: »Ein Indianer kennt keinen Schmerz.« Solche Redewendungen stammen zum Teil von den Preußen und waren auch schon bei den Römern im Umlauf. Fakt ist aber, dass sie im Menschen ihre Spuren hinterlassen haben und auch heute noch wirken.

Der Vorteil des »Sei stark«-Antreibers ist eine konsequente Einstellung und die eigene Bestimmtheit. Bedürftigkeit und Anpassung sind hier nicht zu erkennen, und oftmals können solche Menschen sich gut gegen andere durchsetzen. Man tut, was man tun muss, und äußere

Konflikte werden nicht vermieden. Solche Typen haben oft etwas sehr Kriegerisches an sich.

Der weltbekannte Boxer Mike Tyson war für seinen aggressiven Kampfstil bekannt. Viele seiner Gegner hatten derart Angst vor ihm, dass sie sich nicht mit ihm in den Ring stellen wollten. Durch die beeindruckende Härte seiner Schläge bekam er schon kurz nach Beginn seiner Profilaufbahn den Namen »Iron Mike«. Als Kind war er eher schüchtern, zurückhaltend und galt bei seinen Altersgenossen als Schwächling. Sein größtes Hobby war die Taubenzucht. Lange nach seiner Profikarriere gab er ein Interview, in dem er gestand, dass er doch nicht der harte Kerl war, für den er sich immer gehalten hatte. Er bereute manche Dinge und kämpfte vor laufender Kamera immer wieder mit den Tränen.

Es ist schon oft aufgefallen, dass diese »harten Kerle«, die wir alle aus dem Kino kennen, oft zu den Sensibelsten unter uns gehören. Das Image des harten Mannes dient nicht selten dazu, die eigenen Schwächen zu verstecken, um vor anderen gut dazustehen. Jedoch betrügt man sich dabei selbst um Längen. Der Mensch ist oft viel sensibler, als er annimmt. Er hat die Tendenz entwickelt, sich selbst etwas vorzuspielen und vieles zu kompensieren. Er unternimmt die verrücktesten Sachen, nur um die eigene Seele nicht anzuschauen. Dieses Verhalten kann auf Dauer auch sehr anstrengend sein, da nicht nur die Fassade nach außen, sondern auch nach innen – also gegen sich selbst – aufrechterhalten werden muss. Dieses Verdrängen führt aber nur dazu, dass die Inhalte auf eine andere Ebene sinken und im Untergrund wirken. Werden diese Inhalte zu lange kompensiert, können sie sich als körperliche oder psychische Beschwerden wieder manifestieren. Kann sein, dass es lange Zeit gut geht, aber irgendwann werden die eigenen Schatten wieder sichtbarer und sorgen dafür, dass wir zu Fall kommen und im Leben nicht weiterwissen. Diese Schatten werden irgendwann ihren Tribut fordern und richten im Inneren Schaden an, so wie in einem dunklen Keller, wo der Schimmel wächst.

»Solange wir unser Unbewusstes nicht bewusst machen, wird es unser Leben beeinflussen und wir werden es Schicksal nennen.«

C. G. Jung

Bestimmte Kulturen hatten überhaupt kein Thema damit, mit ihren Emotionen präsent zu sein und sich ihnen zu stellen. Hier wurde dieses Verhalten gefördert und zelebriert. Es gab Zeiten, wo die Krieger alleine in die Natur gingen, um bestimmte Trauerrituale zu halten, um sich der eigenen Schwächen bewusst zu werden – und das waren sicherlich keine Waschlappen. Das musste nicht heißen, dass sie in der Schwäche versanken und nur noch passiv blieben. Es hieß einfach nur, sich den Raum zu geben, um die eigenen Emotionen anzunehmen und nicht so zu tun, als wäre man jemand, der man nicht ist. Diese Menschen geben sich auch die Erlaubnis, hin und wieder Schwäche zu zeigen. So ein Ritual sollte aber zeitlich begrenzt sein. Man sollte sich nicht vor den eigenen Emotionen verstecken – man sollte sich aber auch nicht

darin vergraben und alles andere um sich herum vergessen.

Und das bringt uns nun zur Einlösung. Wird ein Antreiber entlarvt, kann er gegen einen »Erlauber« ersetzt
werden. Manchmal reicht es aus, den Antreiber zu einem
höflichen Berater zu erziehen, der einen warnt.
Erlauber sind Glaubenssätze und Sichtweisen, die den
Zwang des Antreibers reduzieren und den Stress sowie
den inneren Druck verringern können.

Antreiber durch Erlauber verändern

- Ich darf meine Wünsche mitteilen

- Ich darf mir auch Hilfe holen und sie annehmen

- Ich darf ausgewählten Personen vertrauen

- Ich bin stark und darf auch mal schwach sein

- Emotionen sind menschlich und kein Zeichen für
  Schwäche

Sei perfekt!

Dieser Antreiber ist kaum zu übersehen und häufig im Arbeitsleben sowie im privaten Bereich anzutreffen. Hier besteht ein großes Potential für Konflikte, da sehr hohe Ansprüche und Erwartungen gestellt werden – nicht nur an sich selbst, sondern auch an andere. Der Perfektionismus führt dazu, sich selbst immer weiter anzuspornen. Es entsteht das Gefühl, nie gut genug zu sein. Die Messlatte wird ständig höher gesetzt und das Ziel scheint nie wirklich erreichbar zu sein oder immer weiter in die Ferne zu rücken. Diese Menschen trachten danach, immer alles richtig zu machen, und erlauben sich keine Fehler, denn diese werden als großer Misserfolg eingestuft, weil sie nicht mehr rückgängig gemacht werden können. Hier ist die Gefahr sehr hoch, den eigenen Wert an die Fehler zu knüpfen. Es wird nicht erkannt, dass Fehler auch wertvoll sein können und nicht immer bestraft werden müssen. Wenn wir das Wort »Fehler« anders buchstabieren, landen wir beim »Helfer«. Da menschliche Perfektion nie wirklich erreichbar ist, sind Fehler nahezu unausweichlich. Dies kann schnell zum Teufelskreis werden, weil dadurch das Mensch-Sein in Frage gestellt wird. Es ist nie ratsam, den Selbstwert an äußeren Leistungen festzumachen, da die Leistungen in der Regel nicht immer konstant sind. Ein Mensch, der immer von sich selbst erwartet, perfekt zu sein und alles richtig zu machen, wird es in der Regel auch von anderen erwarten. Dass diese Erwartung nicht gänzlich erfüllt werden kann, ist vorhersehbar.

Teamarbeit kann hier eine große Hürde sein, da viele Menschen unterschiedliche Sichtweisen und Wahrnehmungen haben. Dieser Typ definiert sich durch seine Leistungen und ist von ihnen mehr überzeugt als von seinem Recht, menschlich oder glücklich zu sein. Da er sich oft nicht als Mensch angenommen fühlt, stellt er sich gerne in den Wettbewerb. Der Perfektionist ist getrieben und vergisst daher oft, dass nicht jeder gleich funktioniert wie er. Er legt auch sehr viel Wert auf die Details. Kleine Unstimmigkeiten müssen aus dem Weg geräumt werden, weil sie ein Gefühl des Unbehagens auslösen. Der Perfektionist strebt nach dem perfekten Ergebnis und setzt sich dabei so unter Druck, dass Stress die Folge sein muss. Die innere Haltung sagt hier: »So wie ich bin, bin ich nicht gut genug, also muss ich es immer besser machen und es mir selbst beweisen.« Dieser Antreiber übertreibt es mit den eigenen Schwächen sehr gerne. Wenn eine Schwäche entdeckt wird, geht es mit der scharfen Kritik los. Wenn eine Aufgabe zu 99 Prozent erfolgreich gemeistert wurde, sind die fehlenden 1 Prozent der Grund dafür, sich zu verurteilen und am liebsten von vorne anzufangen. Immer wieder von vorne anzufangen, wenn nicht alles zu 100 Prozent stimmt, ist üblich bei diesem Typus. Das kann man bei manchen Regisseuren sehen, bei denen alles ganz genau stimmen muss. Sie lassen die Darsteller die Szene immer und immer wieder spielen, bis diese am Rande der Verzweiflung stehen. Stanley Kubrick war einer von ihnen. Er war bekannt dafür, jede Szene zu perfektionieren und dabei die Schauspieler an ihre Grenzen zu bringen.

Von Vorteil ist, dass hier sehr gute Leistungen erbracht werden können und auch die Qualität recht hoch ist. Dieser Antreiber zeichnet sich durch Leidenschaft, Ehrgeiz und Zielstrebigkeit aus. Die Resilienz kann hier zwar gut ausgeprägt sein, wird aber missbraucht, um sich auf schädliche Weise zu »pushen«. Das Ganze kann auch dazu führen, dass man zum »Workaholic« wird, der dann irgendwann im Burnout landet, auf den man sogar noch stolz ist. Es gibt Mitarbeiter, die es toll finden, wenn sie anderen erzählen können, dass sie bereits einen Burnout hatten.

Da der Antreiber nicht »Mach es perfekt«, sondern »Sei perfekt« heißt, stellt sich hier die große Frage, wie Perfektion überhaupt definiert wird. Wann wüsste der Perfektionist, dass er perfekt ist? Die eigene Wahrnehmung ist immer sehr subjektiv und relativ, d. h., sie kann jederzeit verändert werden. Ist die definierte Perfektion einmal erreicht, kann auch das wieder geändert werden. Die Perfektion wäre in diesem Fall nie erreichbar und müsste daher in einer ewigen Suche enden. Egal wie viel Zeit vergeht und wie viel Leistung erbracht wird – der Schnittpunkt der Perfektion wird nie berührt. Wir sehen also, dass hier bereits keine eindeutige Definition vorliegt und es immer vom Standpunkt des Betrachters abhängt. Um diesen Antreiber zu zügeln, kann die Selbstakzeptanz, die wir im letzten Kapitel ausführlich besprochen haben, sehr hilfreich sein. Für einen Perfektionisten mag das sehr schwierig sein, aber auch genau das kann wieder akzeptiert werden – dass es schwierig ist. Irgendwann wird aber der Punkt erreicht, wo die Spannung nachlässt und der Widerstand anfängt zu bröckeln. Haben Sie also bei sich oder vielleicht auch bei anderen Mitmenschen, die Ihnen nahestehen, einen sehr aktiven Antreiber erkannt, können Sie auch immer wieder auf die Punkte im vorherigen Kapitel zurückgreifen und diese nochmals durchlesen. Die Inhalte sind hier so konzipiert, dass das eine das andere nicht ausschließt – es ist sozusagen alles miteinander verwoben und kann auch so verwendet werden. Sie können die Antreiber bei sich selbst erkennen – Sie können sie aber auch verwenden, um andere Leute besser zu verstehen. Haben Sie z. B. einen dominanten Chef, der Sie sehr kritisiert und eine übertriebene Leistung von Ihnen verlangt, können Sie Ihre Souveränität und Abgrenzungsfähigkeit einsetzen. Für den »Sei perfekt«-Antreiber gibt es an dieser Stelle auch entsprechende Erlauber.

Antreiber durch Erlauber verändern

- Fehler sind Erfahrungen, aus denen ich lernen darf

- Es können auch 90 Prozent genügen

- Ich gebe mein Bestes und das ist gut genug

- Die erfolgreichsten Menschen sind auch die, die viele Fehler gemacht haben

- Ich muss nicht perfekt sein in einer Welt, die es auch nicht ist

Mach es allen recht!

Der dritte Antreiber ist der Wunsch, es allen recht zu machen. Er führt dazu, dass die eigenen Bedürfnisse als weniger wichtig empfunden werden, als die der anderen. Manchmal geschieht es, dass die eigenen Bedürfnisse gar nicht erkannt oder komplett ignoriert werden. Hier fehlt es an der Selbstwahrnehmung und es ist anzunehmen, dass hier eine generelle Schwierigkeit vorliegt, wenn es darum geht, den eigenen Anliegen dauerhaft nachzugehen. Es wird viel herumgeraten und es kommt zu Einschätzungen, die mit der Realität nicht viel zu tun haben. Jeder Mensch hat zwar bestimmte Grundbedürfnisse, die jedoch unterschiedlich stark ausgeprägt sind. Dieser Typ versucht ständig, seine Mitmenschen besser zu verstehen, als sich selbst. Die Erwartungen der anderen haben einen hohen Stellenwert und müssen daher auch mit allen nur möglichen Strategien erfüllt werden. Die eigenen Wünsche können in vielen Fällen erst dann erfüllt werden, wenn es zuerst dem anderen gut geht. Dabei wird oft vergessen, dass es die eigene Kraft ist, mit der auch die Wünsche der anderen leichter erfüllt werden können. Diese Haltung sorgt dafür, dass Frieden und Harmonie an erster Stelle stehen und auch eingehalten werden. Konflikte werden vermieden, sodass es erst gar nicht zu Meinungsverschiedenheiten kommt, und man versucht sich, an äußere Vorgaben zu halten, auch wenn diese negativ sind.

Ein Beispiel: Der Nachbar hört in seiner Wohnung laute Musik. Sie sind schon leicht gestresst, vermeiden es aber, das Gespräch zu suchen, weil Sie nicht wissen, wie er reagieren wird. Vielleicht wittern Sie schon Gefahr, wenn Sie ihn zur Rede stellen. Der Verstand malt sich alle möglichen Gefahren aus, die hier passieren könnten. Vielleicht schreit er Sie an oder wird nie wieder ein Wort mit Ihnen reden. Er könnte in der Nachbarschaft erzählen, wie penibel Sie sind, also ziehen Sie es vor, zu schweigen und die laute Musik weiter zu tolerieren, anstatt ein Gespräch zu führen, das nur zwei Minuten dauern würde. Falls es einmal zu einem Konflikt kommt, würden Sie dann einfach weglaufen? Was würde eine Frau von ihrem Mann halten, wenn er jeden Konflikt vermeiden würde und sich immer nur um des lieben Friedens willen anpasst? Könnte sie ihn dann noch ernst nehmen? Würde sie ihn als wahren Mann sehen, dem sie vertrauen kann, der ihr emotionale Stabilität gibt und sie souverän durch stürmische Zeiten führt? Wohl kaum. Sie würde ihn wahrscheinlich einen »Waschlappen« nennen und nach einer Weile gehen. Oft sucht dieser Typ nach Anerkennung und braucht viele Komplimente von seinen Mitmenschen. Anderen ständig einen Gefallen zu tun, kann auf eine innere Leere hinweisen, die gefüllt werden will.

Wie meistens ist auch dieser Antreiber in der Kindheit entstanden, wo es wichtig war, sich anzupassen. Die Anpassung dient in der Kindheit dem Überleben, weil die Persönlichkeit in diesem Alter noch nicht so gefestigt war, um klar zu sagen, was man will. Dinge, die von den

Eltern und von anderen Bezugspersonen wie z. B. Lehrern erwünscht sind, darf das Kind auf die Theke legen, und die Dinge und Verhaltensweisen, die jedoch nicht erwünscht sind, müssen versteckt und geheimgehalten werden.

Ein Mensch verbringt vermutlich die ersten zwanzig Jahre damit, sich zu überlegen, welche Wünsche und Bedürfnisse er vor der Gesellschaft versteckt. Das restliche Leben verbringt er damit, nach den verschollenen Wünschen zu suchen, die er tief in seinem Unterbewusstsein vergraben hat. Jedoch sind diese Wünsche den meisten nicht mehr zugänglich und schwer zu finden. Diese verdrängten Teile sind unter vielen Schichten der Konditionierungen begraben. Es verhält sich ähnlich wie bei einer Zwiebel, bei der zuerst Schicht für Schicht wieder freigelegt werden muss.

Antreiber mit gewissen Vorzügen!

Der »Mach es allen recht«-Antreiber hat wie jeder andere auch gewisse Vorteile. Menschen, bei denen er sehr aktiv ist, sind in der Regel sehr hilfsbereit und empathisch. Für sie spielen Harmonie und Loyalität eine zentrale Rolle und es können gute Freundschaften und Beziehungen entstehen. Als Teamplayer sind sie daher gut geeignet. Für andere da zu sein und jeden Wunsch von den Lippen abzulesen, kann eine gute Sache sein und deshalb ist dieser Typ generell sehr fürsorglich und aufmerksam. Dies ist in sozialen Berufen sehr wichtig und wird dort auch gefordert. In dieser Kategorie sind auch sehr familiäre Menschen anzutreffen. Es wird darauf geachtet, dass die Familienmitglieder gut versorgt sind und sich wohlfühlen, was alles zu einem recht guten Klima beiträgt, jedoch die Selbstständigkeit der einzelnen Personen nicht immer fördert. Durch ihre Bescheidenheit wirken diese Menschen oft sympathisch und nehmen sich Zeit für andere, die sie vielleicht gar nicht kennen. Das kann so lange wirken, bis der innere Antreiber erkannt oder auch »zurückgeschraubt« wird. Wenn andere Personen die Fürsorge nicht schätzen, kann das für diesen Typ besonders schmerzhaft sein. Mitunter kann es auch passieren, dass dann die übertriebene Rücksicht in Rücksichtslosigkeit umschlägt. Das Pendel schwingt also in die andere Richtung und es entsteht eine »Kompensation« zum vorherigen Verhalten. Der Trotz und das bekannte Schmollen können die Folge sein. Die Selbstaufopferung, die man in der Vergangenheit praktiziert hat, wurde nicht gewürdigt, und daher kann es auch für eine bestimmte Zeit zum Rückzug kommen, wo aber wieder neue Strategien ausgedacht werden, um den anderen erneut für sich zu gewinnen. »Wie kann ich beim anderen punkten?« oder: »Wie kann ich bei dem anderen landen?« sind hier häufige Fragen. Gerade in Verbindung mit dem »Sei perfekt«-Antreiber kann dies zu einem sehr zwanghaften Verhalten führen. Nicht nur die eigenen Angelegenheiten perfekt zu machen, sondern auch bei den Mitmenschen um jeden Preis alles richtig machen zu wollen, kann zu einem echten Krafträuber werden. Dass die Erschöpfung nicht lange auf sich warten lässt, kann jeder Betroffene bestätigen.

Wahrsagerei? Weg von der Kristallkugel!

Bei diesem Antreiber liegt die Annahme vor, dass man glaubt, die Bedürfnisse von anderen Menschen genau zu kennen. Schließlich heißt es auch hier: »Mach es allen recht.« Woher soll man also wissen, was der andere gerade braucht und was nicht? Können Sie wirklich die Gedanken von anderen lesen? Wissen Sie ganz genau, was der andere genau braucht, auch wenn Sie ihn nicht so gut kennen? Auch mit einer sehr guten Empathie ist es nicht immer genau zu sagen. Viele Menschen wären sehr überrascht, wenn sie wüssten, was andere wirklich denken. Wenn es für diesen Typ trotz seiner intuitiven Fähigkeiten nicht immer gelingt, die eigenen Bedürfnisse wahrzunehmen, wie soll es dann bei den Mitmenschen immer möglich sein? Gehen wir einmal davon aus, dass Ihre übersinnlichen Kräfte nicht so hoch ausgebildet sind, dass Sie in jeder Situation genau wissen, was die Menschen um Sie herum gerade brauchen. Und wahrscheinlich können Sie auch nicht mithilfe einer Kristallkugel eine klare Diagnose erstellen oder die Zukunft voraussagen. Wenn Sie es doch versuchen, können Sie anderen auch lästig werden. Nicht jeder ist dazu bereit, dass man ihm alles abnimmt, und manche wollen auch ihre eigenen Erfahrungen machen. Durch die übertriebene Fürsorge können sich Personen, die lieber selbständig arbeiten wollen, schnell eingeengt fühlen, und das führt wiederum zu Konflikten, die ja dieser Typ unbedingt vermeiden will. Hinterfragen Sie auch einmal Ihre Annahmen und erliegen Sie nicht gleich jedem Impuls, der Ihnen einredet, sich um alles zu kümmern. Probieren Sie etwas Neues aus. Lassen Sie die Dinge auch mal auf sich zukommen, ohne ständig darüber nachzudenken, wie sich alles entwickeln wird. Vergessen Sie dabei nicht, dass Ihre Ressourcen begrenzt sind und nicht dafür da, um vollständig verbraucht zu werden. Andere Leute müssen nicht auf ein Podest gestellt werden, sondern dürfen auch als gleichwertig betrachtet werden. Nicht jeder Mensch hat automatisch unsere Anerkennung verdient. Wir müssen anderen Leuten nichts vormachen, nur um uns bei ihnen beliebt zu machen!

Antreiber durch Erlauber verändern

- Ich darf es auch mir recht machen

- Ich bin nicht da, um mich bei jedem beliebt zu machen

- Ich darf Nein sagen. Es gehört zum Leben dazu

- Ich darf mein Selbstwertgefühl annehmen

- Ich habe das Recht, Nein zu sagen

Streng dich an!

Dieser Antreiber hat wohl das größte Potential für den Burnout. Er ähnelt dem »Sei perfekt«-Typus, geht aber davon aus, dass Arbeit immer anstrengend sein muss. Hier ist eine klare innere Überzeugung zu erkennen, die dazu auffordert, sich ordentlich ins Zeug zu legen und permanent viel leisten zu müssen. Hinter dieser Dynamik steht der Glaubenssatz, dass Erfolg nur mit harter Arbeit erreicht werden kann. »Ohne Fleiß kein Preis«, heißt hier die Devise. Bereits in der Bibel ist diese Mentalität zu finden. »Im Schweiße deines Angesichts musst du dein Brot verdienen«, heißt es dort. Hier muss alles gegeben werden, auch wenn dabei nichts herauskommt oder das Projekt zu kippen droht. Einen Schritt rückwärts gehen oder den Dingen mehr Raum geben, damit sie sich natürlich entwickeln können, wird als faul oder fahrlässig gesehen.

In der Geschichte dieses Typus finden wir häufig eine schwere Kindheit, bei der harte körperliche Arbeit im Vordergrund stand. Es gibt Berichte eines strengen Vaters, der seine Söhne stark gefordert hat und sie dazu ermutigte, sich gegenseitig als Konkurrenten zu sehen. Auch das Essen mussten sich manche verdienen. Bei schlechten Schulnoten wurde das Taschengeld gekürzt, was auch noch heute in manchen Familien der Fall ist. Hinzu kommen das Nachsitzen und der Entzug von Freiheit. Die meisten Menschen assoziieren Arbeit mit etwas, das unangenehm und kräftezehrend ist. Es ist selten ge worden, jemanden anzutreffen, der gerne und motiviert seiner Arbeit nachgeht. Schauen wir uns nur mal im Alltag um. Der typische Arbeiter geht mit mangelnder Motivation zur Arbeit und kommt meistens ausgelaugt nach Hause. Denken wir nur an die vielen Menschen, die wir am Morgen auf dem Weg zur Arbeit sehen. Wie viele glückliche Gesichter können hier gezählt werden? Noch deutlicher wird es in den Abendstunden. Der Berufsverkehr ist gewöhnlich zwischen 17 und 19 Uhr am stärksten. Beobachten wir die Menschen in Bus und Bahn, kann auch hier ein Mangel an Zufriedenheit in den Gesichtern abgelesen werden. Ich höre jedenfalls kaum jemanden, der davon erzählt, wie toll sein Arbeitstag war. Die meisten wirken müde und sind froh, wenn sie nach Hause kommen.

In einer Firma, in der ich früher gearbeitet habe, gab es jährliche Mitarbeitergespräche. Die Mitarbeiter hatten die Gelegenheit, über ihre Zufriedenheit im Unternehmen zu sprechen und auch bestimmte Verbesserungsvorschläge kundzutun. Einmal wurde die Frage gestellt, ob die Arbeit Spaß macht. Wir waren etwas verdutzt darüber und fanden es auch amüsant, da wir es für eine Frage hielten, die nicht ernst gemeint war. »Gibt es so etwas wie Spaß bei der Arbeit?«, fragten wir uns. Nach mehreren Jahren wurde mir aber klar, dass das eine völlig berechtigte Frage war. Der Glaubenssatz, dass Arbeit immer hart sein muss, war schon so tief eingesickert, dass wir eine andere Möglichkeit gar nicht mehr in Betracht ziehen konnten. Wenn bestimmte Überzeugungen und Glaubenssätze schon sehr tief verinnerlicht wurden, werden alle anderen

Meinungen radikal ausgefiltert. Somit wird die eigene Realität zu der einzig wahren.

Laut einer Umfrage findet jeder dritte Arbeitnehmer seinen Job zu stressig. In Deutschland sind es über 80 Prozent der Angestellten, die ihren Job nicht mögen. Wenn man über diese Statistiken nachdenkt, ist es nicht verwunderlich, warum viele schlecht über die Arbeit denken. Es scheint irgendwie vielen so zu gehen, und somit müssen wir uns damit abfinden, dass Arbeit schwer ist und eine hohe Konzentration erfordert. Will man ein hohes Ziel erreichen, braucht es angeblich auch eine ordentliche Portion Disziplin. Disziplin und hohe Leistungen zerren aber auf Dauer an den eigenen Kraftreserven. Die Ressourcen werden ausgereizt, ohne genügend Auszeiten einzuplanen. Lösungen werden krampfhaft gesucht, und wenn einem nichts mehr einfällt, muss eben noch härter gearbeitet werden.

Wir alle haben schon einmal die Erfahrung gemacht, dass die Lösungen genau dann auftauchen, wenn man sich entspannt und sich eine Auszeit nimmt. Wenn der Körper unter Stress steht, schaltet das System in einen Modus, der hauptsächlich dazu dienen soll, das eigene Überleben zu sichern. In diesem Überlebensmodus setzen die höheren Denkprozesse oftmals aus, da sie für den aktuellen Moment nicht wichtig sind. Wenn wir uns z. B. auf eine Prüfung vorbereiten und in einer ruhigen Atmosphäre lernen, können wir uns viele Dinge leichter merken. In der stressvollen Prüfungssituation ist das gespeicherte Wissen plötzlich wie weggeblasen. Dies wird durch den Stress verursacht, der bestimmte Gehirnareale aktiviert oder abschaltet. Geistige Tätigkeiten fallen unter Druck besonders schwer – körperliche hingegen sind etwas leichter zu bewerkstelligen. Fleiß, Pflichtbewusstsein und Durchhaltevermögen sind allesamt keine schlechten Eigenschaften, doch die körperlichen Warnzeichen werden auch hier oft überfahren. Symptome werden nicht ernst genommen oder nur als kurze Einbildungen abgetan, bis sich irgendwann eine verminderte Leistung zeigt, die den Körper schützen muss. Müdigkeit ist eine Schutzreaktion des Körpers, die vor Überlastung warnt. Jedoch gibt es genügend Genussmittel, um der Müdigkeit den Kampf anzusagen. Viele Leute funktionieren ohne die entsprechenden Aufputschmittel nicht mehr. Die Tasse Kaffee wird dann nicht mehr zum Genuss getrunken, sondern dient nur noch als Leistungsverstärker. Es gibt Leute, die über den Tag verteilt Unmengen von Kaffee konsumieren, weil es für sie einfach zur Arbeit dazugehört. Ich kannte jemanden, der an manchen Tagen bis zu 300 mg Koffein in Form eines Sportgetränkes zu sich nahm, um die Frühschicht überstehen zu können. Dies entsprach in etwa vier Dosen Red Bull. Die Müdigkeit war aber immer noch da.

Gerade die strenge Disziplin hat in den meisten Ländern einen sehr guten Ruf. Disziplin wird für den Erfolg vorausgesetzt und führt auch angeblich immer dazu. Da dies nicht unbedingt so sein muss, wird von vielen nicht gerne gehört. Disziplin kann auch eine Form des Zwanges sein. Alle Regeln strikt einzuhalten, immer sein Bestes zu geben und sich erst eine Pause zu gönnen, wenn das Ziel erreicht ist, hört sich auf Dauer nicht gesund an –

und ist es auch nicht. Wird ein Ziel erreicht, steht gedanklich schon das Nächste an. Dieser Antreiber führt dazu, Teilerfolge nicht mehr richtig wahrzunehmen und auch nicht zu würdigen. Ziele sind hier fast schon wie Wörter auf einer Einkaufsliste, und wird eines erreicht, wartet schon das nächste. Der Fokus liegt hier also eher in der Zukunft und dem Ergebnis, als bei dem gegenwärtigen Moment. Fragen Sie einen Menschen mit so einem Lebensstil doch einmal, wie lange er sich freuen kann, wenn er eines seiner Ziele erreicht. Vielleicht wird er Ihnen antworten, dass es nur ein paar Sekunden oder Minuten waren. Viele sind nicht fähig, die erreichten Resultate auch zu genießen oder sich eine gewisse Zeit darauf »auszuruhen«. Nichts tun wird hier mit Faulheit gleichgesetzt. Dieser Typ hat oft Angst vor der Ruhe oder wenn es in seiner Nähe zu still wird, obwohl die harte Arbeit auch später wieder fortgesetzt werden kann.

Ein Experiment

Wie wir gehört haben, stehen harte Arbeit, Konsequenz und Disziplin bei diesem Antreiber an oberster Stelle. Wie wäre es, wenn Sie diese Tugenden nutzen, um sie bewusst in Ihr Übungsprogramm einzubauen? Strengen Sie sich doch einmal mit ganzer Kraft an, sich zu entspannen und sich eine Auszeit zu gönnen. Das mag paradox klingen – versuchen Sie es aber einmal! Planen Sie für Ihren Erfolg eine gewisse Zeitspanne ein, die aber unbedingt eingehalten werden muss. Ausnahmen sind nur in besonderen Fällen zulässig. Halten Sie sich konsequent an die Ruhezeiten, ohne davon abzuweichen. Wenn Sie sonst so diszipliniert sind, sollte Ihnen das nicht allzu große Schwierigkeiten bereiten. Man sagt, dass der Mensch ein Gewohnheitstier ist, und einmal an eine bestimmte Übungsstunde gewöhnt, drängt es dann fast schon selbst für eine Übungseinheit. Das Bedürfnis, mit harter Arbeit zur Entspannung zu gelangen, wird sich dann irgendwann von selbst bemerkbar machen. Sie könnten zum Beispiel sagen: »Wenn ich eine halbe Stunde lang hart an mir arbeite, darf ich mich dafür zehn Minuten lang entspannen.«

Probieren Sie dieses Experiment ein paar Mal aus und achten Sie darauf, was sich verändert. Wenn es für Sie keinen Erfolg bringt, können Sie die Übung auch wieder verwerfen. In jedem Fall haben Sie aber das Bedürfnis, hart zu arbeiten, befriedigt und dürfen sich dafür loben. Es kann auch Tätigkeiten geben, die ohne großen Kraftaufwand zum Ziel führen. Es gibt Leute, die ein bestimmtes Musikinstrument spielen und nur die Hälfte der Zeit üben müssen, um gleich gut zu sein wie jemand, der das Doppelte an Übungszeit aufwendet. Dinge, die uns Spaß machen, gehen oft wie von selbst, ohne dass es dazu großer Disziplin oder Kraft bedarf. Finden wir Dinge, die uns von innen heraus motivieren, empfinden wir sie als weniger anstrengend als Tätigkeiten, die uns überhaupt nicht liegen.

Haben Sie schon mal ein Kind beim Lernen beobachtet? Kinder lernen oft spielerisch. Wenn ein Kind aufwächst, braucht es in der Regel keine Disziplin, um die Muttersprache zu lernen. Es geschieht wie von selbst durch Zuhören und Nachahmen. Irgendwann spricht es perfekt, ohne dass dazu harte Arbeit notwendig war oder ein innerer Antreiber aktiviert werden musste. Es geschah über die Jahre in einer sehr lockeren Art.

Die Neurologie sagt uns auch, dass beim Lernen die Emotionen eine wichtige Rolle spielen. Wenn etwas gelernt wird, das uns überhaupt keinen Spaß macht, ist es schwerer, sich das Gelernte einzuprägen. Das ist auch der Grund, warum sich Kinder in bestimmten Schulfächern so schwer tun. Hier liegt nicht immer ein Mangel an Intelligenz vor, sondern ein Mangel an Begeisterung. Trockenes Wissen bleibt weniger leicht hängen als Informationen, die einen emotional berühren. Wir sehen z. B. einen Film, der uns emotional berührt, und können uns Jahre danach immer noch gut daran erinnern und sogar Einzelheiten genau nacherzählen. Wenn neue Wege erprobt werden, können wir an unseren Emotionen erkennen, ob es auch der richtige Weg ist. Wenn wir etwas tun, das sich gut anfühlt, muss viel weniger Kraft dafür aufgewendet werden. Die Begeisterung ist vorhanden und die Zeit scheint viel schneller zu vergehen, als bei einer Arbeit, die wir nicht mögen.

Denken Sie über Ihren eigenen Job nach. Wie oft schauen Sie bei der Arbeit auf die Uhr? Es gibt Tage, die jemandem ewig vorkommen, weil die Zeit einfach nicht vergehen will. Alle fünf Minuten auf die Uhr zu schauen, macht es auch nicht besser. Wenn das hochgerechnet wird, hat man am Ende des Tages ca. vierzig Mal auf die

Uhr geschaut. Es ist schwer vorstellbar, dass das auch bei einer Tätigkeit oder bei einem Hobby der Fall ist, das mit Freude getan wird. Bestimmte Hobbys und Sportarten können zwar auch anstrengend sein, jedoch wird diese Anstrengung anders wahrgenommen, da man davon positiv ergriffen ist. Hart auf ein Ziel hinzuarbeiten, das einem am Herzen liegt, nennt man auch Leidenschaft.

Antreiber durch Erlauber verändern

- Die richtige Arbeit darf auch Spaß machen

- Ich darf auch kleine Erfolge feiern

- Arbeit darf auch leicht sein

- Ich habe das Recht, mir regelmäßig eine Pause zu gönnen

- Auch kleine Schritte führen zum Ziel

Sei schnell!

Sich zu beeilen, ist in vielen Fällen fast schon ein Muss und wird als selbstverständlich angenommen. Gerade in der Arbeitswelt gehört es zum guten Mitarbeiter dazu. Wie immer macht aber die Dosis das Gift, und das gilt gleichermaßen für alle Antreiber. Hinter diesem steht der Wunsch, immer möglichst schnell zu sein. Dabei kann die Qualität der Arbeit sehr darunter leiden, aber Qualität und Schnelligkeit werden von vielen Mitarbeitern in einem hohen Maße verlangt. In der Physik ist Leistung die Arbeit, die in einer bestimmten Zeiteinheit erbracht wird. Dabei verhält sich die Zeit indirekt proportional zur Leistung. Mit anderen Worten heißt das: Wird mehr Zeit benötigt, ist auch die Leistung geringer und oft herrscht die Annahme, dass die Zeit nicht ausreicht, um etwas termingerecht zu schaffen. Es fehlt die Balance zwischen Ruhe und Anspannung, und das führt sehr leicht zu Hektik, was nicht gleich Schnelligkeit ist. Dieser Typ hat vielleicht das Handy als ständigen Begleiter in der Hand, und der Cappuccino ist schuld daran, dass man sich durch den zügigen Gang schnell mal die Finger verbrennt. Sogar die Pause ist vom erhöhten Tempo geprägt. Das Essen wird mechanisch in den Mund geschaufelt und heruntergeschlungen. Dieser Typ vergisst, dass es wichtig sein kann, sich Zeit für das Essen zu nehmen. Wird langsamer und bewusst gegessen, wird mehr Speichel produziert, der bestimmte Verdauungsenzyme enthält, damit das Essen schon im Mund vorverdaut wird. Das entlastet den Magen und ist wesentlich gesünder. Wenn andere Sinne wie z. B. der Geruchssinn beteiligt sind, werden dabei auch mehr Glückshormone ausgeschüttet, die die Stimmung anheben können. Es kann also nur Vorteile bringen, sich wenigstens beim Essen fünf Minuten länger Zeit zu nehmen. Das Grundgefühl sollte nicht darin bestehen, etwas Wichtiges zu verpassen und nie wieder nachholen zu können. Das alte Sprichwort »In der Ruhe liegt die Kraft« hat bei diesem Typ keinerlei Bedeutung. Er versucht, vieles gleichzeitig zu tun, und jagt ungeduldig von einer Aufgabe zur nächsten. Im Kopf befinden sich viele Ideen, die so schnell wie möglich umgesetzt werden möchten. Wie immer kommt hier die Regeneration zu kurz, denn der Glaubenssatz »Wer rastet, der rostet« greift hier ein und verhindert, dass man einen Gang runterschaltet. Gerade bei sehr extrovertierten Menschen ist dieses Muster sehr gut zu erkennen. Die dynamische Fahrweise, die den Vordermann einschüchtern soll, und die Jagd auf Kleinwagen auf der Autobahn sind Anzeichen für einen großen inneren Antrieb. Für andere Menschen wird es schwer, den Erzählungen und Geschichten zu folgen, da das Sprechtempo recht hoch ist und dabei auch noch schnell gestikuliert wird. Es sieht so aus, dass der Erzähler nur darauf aus ist, den anderen möglichst kurz ausreden zu lassen, nur damit er danach wieder an der Reihe ist. Man hat das Gefühl, dass man es mit einer Form von Hyperaktivität zu tun hat, weil der Erzähler den Fokus nicht auf eine einzige Sache lenken kann, sondern meistens Multitasking betreibt, also versucht, mehrere Dinge gleichzeitig zu machen. Das kann eine sehr gute Sache sein – der Verstand kann aber damit schnell überfordert sein. Versuchen Sie einmal, an mehrere Dinge gleichzeitig zu denken und diese auch wirklich bewusst wahrzunehmen, wie z. B. Herzschlag, Temperatur, Atmung, die Umgebung und alle roten Gegenstände. Sie werden merken, dass das ganz schön schwierig ist. Viele Reize und Informationen werden ständig vom Gehirn ausgefiltert, weil sonst eine dauerhafte Überlastung die Folge wäre.

Über Zeit soll hier noch etwas gesagt werden. Das bekannte Zitat »Zeit ist Geld« entspricht nicht unbedingt der Wahrheit, weil sich mit Geld nämlich keine Zeit erkaufen lässt. Wir sollten wissen, dass wir immer nur den jetzigen Moment haben. Das, was vor fünf Sekunden passiert ist, ist bereits Geschichte und nicht mehr greifbar. Man könnte auch sagen, es gehört uns nicht mehr – genauso wenig wie uns die Zukunft gehört – und deshalb sollte der Moment auch gewürdigt werden. Der »Sei schnell«-Antreiber führt dazu, dass wir den Fokus auf die Zukunft gerichtet halten und dabei die Gegenwart überspringen wollen. Wenn jemand ständig davon redet, dass er keine Zeit hat, kann er versuchen, sich bewusst einfach die Zeit zu nehmen. Prioritäten können gesetzt werden, um sich die Momente zu nehmen für die wirklich wichtigen Dinge des Lebens. Auch die bekannten Zeiteinheiten sind etwas Kreiertes. Irgendwann haben wir definiert, dass eine Stunde exakt 60 Minuten hat und eine Arbeitswoche rund 40 Stunden haben muss. Manche spirituellen Lehrer erzählen uns, dass Zeit eine Illusion sei, weil es nur das Hier und Jetzt gibt.

Sie können damit anfangen, auch für sich selbst bestimmte Zeiteinheiten zu kreieren, und legen Sie dabei fest, wie viel Zeit Sie für die Angelegenheiten brauchen, die für Sie wichtig sind. Kreieren Sie neue Glaubenssätze, die nützlich sind, um ein selbstbestimmtes Leben zu führen. Wenn das Selbstgefühl und das eigene Glück als wichtig empfunden werden, werden auch die notwendigen Schritte unternommen und entsprechend gehandelt. Es wird erkannt, dass kleine Schritte »merkwürdige« Veränderungen herbeiführen können und die Motivation, weiterzumachen, steigt. Man fühlt sich robuster und ist resilienter gegen kurze Unannehmlichkeiten oder Schmerzen. Man wird auch ehrlicher zu sich selbst, weil man erkannt hat, wie nachlässig man bei den eigenen Bedürfnissen bisher war. Natürlich sollte man seinen Verpflichtungen nachkommen und nicht blind gegenüber der Zukunft sein, aber es geht hier wie immer um das Erschaffen eines neuen Bewusstseins, das dabei hilft, das Leben in eine optimale Bahn zu lenken.

Es gibt auch einige Methoden aus dem Zeitmanagement, wie z. B. das 60:40-Prinzip. Es besagt, dass bei der Planung von Aufgaben die theoretisch vorhandene Zeit nur zu 60 Prozent verplant werden sollte. Die restlichen 40 Prozent können als »Pufferzeit« für Ungeplantes übrig bleiben. Unterbrechungen kommen in der Praxis sehr häufig vor und können selten vermieden werden. Anrufe, Auftragsänderungen und Reklamationen müssen dann schnellstmöglich bearbeitet werden. Dies ist nur eine Möglichkeit von vielen. Es zahlt sich aus, die verschiedenen Methoden auszuprobieren und die passende für sich zu finden. Und somit sind wir auch wieder bei den Erlaubern angelangt.

Antreiber durch Erlauber verändern

- Ich darf mir Zeit für die wichtigen Dinge nehmen

- Ich darf mir bewusst machen, dass meine Zeit wertvoll ist

- Ich darf einen Gang runterschalten – ich komme trotzdem weiter

- Ich habe nur das Jetzt und darf es auch mal genießen

- Ich darf auch hin und wieder die Kontrolle an andere abgeben

Die inneren Antreiber würdigen

Bei der Beschreibung fällt auf, dass auch viele positive Eigenschaften mitspielen. Es kann unvernünftig sein, diese inneren Kräfte zu verteufeln oder sogar ausmerzen zu wollen. Auch das »Loswerden« wird nicht wirklich zum Erfolg führen, da sie Teil des Menschen sind. Wir sollten ihre Funktion und den Sinn erkennen. Der Antreiber ist an sich nicht böse und versucht in gewisser Weise, seinen Job zu erledigen. Dabei sind die fünf Typen nicht als Gegner oder als Konkurrenten zu sehen. Wie bereits gesagt wurde, ist es in der Regel ein Antreiber, der das Ruder übernommen hat. Wenn sich zwei Antreiber miteinander verbinden, kann das gut oder schlecht sein, je nachdem, wie stark sie wirken. Viele Menschen klagen über Antriebslosigkeit und Energiemangel. Für diese Menschen würde eine stärkere innere Dynamik hilfreich sein, um leistungsfähiger zu werden, und deshalb können diese Kräfte auch als »inneres Team« betrachtet werden, das zusammenarbeitet. Dabei ist zu beachten, dass die Kräfte so dosiert werden, damit die gewünschte Leistung erreicht wird, ohne dass dabei ungesunder Stress entsteht.

In der Hypnosearbeit nach Milton Erickson wird mit den inneren Anteilen auch verhandelt, und das gelingt am besten in einem entspannten Zustand. Bestimmte innere Qualitäten können für geeignete Aufgaben genutzt werden, und Sie bestimmen dabei die Intensität und die zeitliche Begrenzung. Es ist ungünstig, einen Teil von Ihnen als wertvoller zu benennen als den anderen. Die Antreiber sollten an einem Strang ziehen und sich nicht gegenseitig im Weg stehen oder miteinander streiten, was sehr häufig zu inneren Konflikten führt. Das braucht Übung und eine gute Wahrnehmung. Mit der Zeit werden Sie aber bemerken, welcher Antreiber gerade sehr aktiv ist und gegen Ihren Willen das Ruder übernimmt und auch versucht, einen anderen gegen die Wand zu fahren. Es ist auch üblich, den inneren Stimmen Namen zu geben, um sie zu Wort kommen zu lassen. Welche genaue Funktion hat dieser Teil von mir? Wie kann er mir helfen? Was passiert, wenn ein Mangel oder ein Überschuss dieser Energie vorhanden ist? Wie wirkt sich das auf die anderen Mitglieder aus? Achten Sie darauf, dass kein innerer Konflikt entbrennt. Kein Anteil soll einen anderen in die Ecke drängen oder versuchen, ihn mit schlagfertigen Argumenten zu überzeugen oder zu »über-reden«. Die Anteile dürfen weiterhin bestehen und aus allen kann ein Mehrwert bezogen werden.

Sie sollten sich nicht mit einem Antreiber identifizieren. Sie könnten sagen: »Ich habe einen Antreiber« und nicht: »Ich bin mein Antreiber.« Sie können als Abwechslung einmal das »Ich« durch »ein Teil oder eine Seite von mir« ersetzen. Somit wird eine gesunde Distanz hergestellt und Sie sehen sich nicht nur als »Problem«, an dem gearbeitet werden muss, sondern als einen Menschen mit vielen Facetten. Es ist normal zu sagen: »Ich habe einen Verstand« oder: »Ich habe einen Körper.« Zu wem sagen Sie hier eigentlich »Ich«? Wer ist dieses »Ich«, mit dem Sie sich identifizieren? Bei den Antreibern verhält es sich genauso. Wer dieses Ich auch sein mag, möchte ich an dieser Stelle den Nachforschungen des Lesers überlassen.

Ein verstecktes Talent?

Womöglich machen Sie auch die Erfahrung, dass ein Teil von Ihnen immer wieder in den Vordergrund rückt, obwohl Sie versucht haben, ihn zu beruhigen. Er zeigt sich immer wieder und will gehört und gesehen werden. Sie möchten diesen Teil von Ihnen nicht mehr missen und haben sich auch schon gut mit ihm angefreundet. Er ist zwar etwas aufdringlich, aber im Grunde finden Sie ihn hilfreich für das Leben. Er ist auch nicht belastend, sondern eher konstruktiv. Es handelt sich wahrscheinlich um einen Antreiber, bei dem Sie beim vorherigen Test einen erhöhten Zahlenwert hatten. Wenn das der Fall ist, besteht noch kein Grund zur Sorge. Alarmierend wird es, wenn die Gesundheit darunter leidet oder sich körperliche Symptome zeigen.

Bei einem Typus, der als positiv empfunden wird, kann es sich auch um ein Talent handeln, das Sie aber nicht als solches einordnen. Bestimmte Verhaltensweisen, die manche Leute als nervig oder ungewöhnlich empfinden, können in Wahrheit versteckte Talente sein. Oft werden diese Talente aber nicht erkannt und als selbstverständlich angenommen. Aus der Talentforschung geht hervor, dass jeder Mensch bestimmte Grundtalente hat, die schon in der Kindheit vorhanden waren und das ganze Leben lang beständig sind. Sie sind aber oft sehr versteckt und wurden uns schon als Kind abtrainiert. Über die Arbeit mit den inneren Anteilen können Sie auch an Ihre Stärken herankommen. Fragen Sie auch Ihre Mitmenschen, was sie besonders an Ihnen schätzen? Wenn Sie also bestimmte Kräfte und Verhaltensmuster erkennen, die Sie immer wieder in eine auffällige Richtung ziehen, können Sie auch den Versuch unternehmen, der Sache auf den Grund zu gehen, anstatt zu versuchen, alles abzuschalten. Talente äußern sich dadurch, dass sie uns ermöglichen, eine überragende Leistung auf einem Gebiet zu vollbringen. Eine Tätigkeit beflügelt uns und wir gehen in der Sache auf. Es muss sich also nicht immer um einen Antreiber handeln, denn diese haben die Eigenschaft, inneren Druck und Stress zu erzeugen – ein Talent hingegen wird angenehmer und natürlicher empfunden, so als ob uns etwas von alleine zufliegt.

Ich habe den Punkt mit den Talenten hier nur angeführt, weil die Dinge oft sehr nahe beisammenliegen. Um was es sich letzten Endes wirklich handelt, wird sich im Laufe der Entwicklung herauskristallisieren. Die einzelnen Dinge sind gerne miteinander verschachtelt und die menschliche Psyche ist viel komplexer, als viele annehmen. Machen Sie es sich aber nicht zu kompliziert. Greifen Sie sich ein Thema auf, mit dem Sie arbeiten wollen. Sie brauchen sich nicht stundenlang den Kopf darüber zu zerbrechen, wo genau Sie ansetzen können, um Ihre Resilienz zu stärken, denn es ist auch gut, wenn man versteht, wie diese inneren Mechanismen arbeiten und das eigene Leben einschränken oder auch bereichern können. Fangen Sie am besten dort an, wo es für Sie stimmig ist oder der Schuh am meisten drückt. Ich möchte hier ein Beispiel zeigen, wie die Arbeit in der Praxis aussehen kann:

Die Arbeit mit einem inneren Antreiber

Nehmen wir an, Sie haben die Tendenz, alles sehr schnell und hektisch zu machen. Der Test zeigt, dass der »Mach schnell«-Antreiber besonders aktiv ist. Wenn Sie bei der Arbeit sind, werden Sie merken, dass Ihr Fokus sehr nach außen gerichtet ist. Das kann der Computer, die Hausarbeit oder der Kundenkontakt sein und Sie vergessen sich hierbei selbst, weil die Außenwelt maßgebend ist. Sie haben sich wahrscheinlich an diesen Ablauf gewöhnt und sich durch bestimmte Strategien angepasst. Der erste Schritt, diesem Antreiber auf die Spur zu kommen, ist, die Wahrnehmung bewusst nach innen zu verlegen. Was geht Ihnen alles durch den Kopf? Achten Sie auf die inneren Dialoge, die mit Hektik und Antrieb zu tun haben. Redet Ihnen diese innere Stimme ein, dass Sie sich beeilen und alles so schnell wie möglich erledigen müssen? Machen sich ein innerer Druck und eine Anspannung bemerkbar, die auch körperlich spürbar sind? Ist der Puls leicht erhöht oder zweifeln Sie die Arbeitsleistung immer wieder an? Vielleicht drehen sich die Gedanken immer wieder um das Arbeitstempo und Sie fühlen sich irgendwie getrieben? Nehmen Sie sich kurz Zeit und fühlen Sie in sich hinein. Die Symptome eines Antreibers sind auf der gedanklichen Ebene meist gut wahrzunehmen, wenn Sie Ihre Gedanken einfach nur beobachten. Wenn Sie auf der körperlichen Ebene Reaktionen spüren, ist der Antreiber wahrscheinlich noch stärker am Werk. Wenn Sie ihn entlarvt haben, gilt es zuerst, ihn anzuerkennen und nicht zu unterdrücken. Er erfüllt eine bestimmte Funktion, die im Moment aber zu viel des Guten ist. Wenn dieser Impuls versucht, Sie in eine Richtung zu lenken, dann versuchen Sie als ersten Schritt, leicht dagegenzuhalten. »Dagegenhalten« ist nicht mit »gegen etwas zu kämpfen« zu verwechseln. Machen Sie sich bewusst, dass Sie dieses Muster kennen, und entscheiden Sie sich dann, die bewusste Kontrolle zu übernehmen. Gehen Sie mit der Einstellung heran, dass Sie nicht abhängig von Ihrem Antreiber sein müssen und auch die Wahl haben, diese Kraft zu kontrollieren und passend zu dosieren. Wenn der Impuls entsteht, in Eile oder Hektik zu verfallen, versuchen Sie, diesem nicht gleich nachzugehen. Das kann am Anfang sehr schwierig sein, mit zunehmender Übung wird es aber leichter fallen. Erklären Sie auch hier dem Antreiber Ihre Souveränität. Das können Sie übrigens mit allen inneren Anteilen tun, die glauben, Sie dominieren zu müssen. Bewahren Sie die Einstellung, dass Sie kein Sklave sind und es möglich ist, wieder die Oberhand zu gewinnen, aber gleichzeitig nicht den Fehler zu machen, zu glauben, dass Sie in einem feindschaftlichen Verhältnis zu den inneren Anteilen stehen müssen. Jedes Mal, wenn der ungesunde Impuls hochkommt, in Eile zu verfallen, üben Sie sich in Achtsamkeit, erklären Ihre Souveränität und treffen eine Entscheidung, diesen Impuls nicht unkontrolliert wuchern zu lassen. Sie können versuchen, ein geistiges »Stoppschild« vor Ihrem inneren Auge auftauchen zu lassen, das immer genau dann zum Einsatz kommt, wenn der störende Impuls auftaucht. Halten Sie inne und stoppen Sie sich, damit Sie nicht diesem schädlichen Muster erliegen. Anschließend können Sie einen Erlauber auftauchen lassen. Für den Anfang kann es aber auch schon genügen, dem Impuls nicht nachzugehen und eine neutrale Haltung anzusteuern. Vielleicht gelingt es nur bei jedem dritten Mal oder bei jedem fünften Mal – doch hier zählt der Wille. Die Erlauber können eine Hilfestellung bieten, sind aber nicht zwingend notwendig. Achten Sie darauf, was Ihnen gerade hilft. Manchmal wird es Ihnen gelingen und manchmal auch nicht. Die Entscheidung, diesem Muster nicht ausgeliefert zu sein, klingt recht simpel, kann aber bei regelmäßiger Anwendung sehr effektiv sein. Der Antreiber ist durch eine Gewohnheit entstanden und kann auch wieder zurückgefahren werden. Gewohnheiten entstehen im Gehirn, wenn sich bestimmte Nervenverbindungen zusammenschalten und sich langfristig verknüpfen. Die Verbindung wird irgendwann so stark, dass die Informationen sehr schnell übertragen werden. Dies hat zur Folge, dass ein bestimmtes Denk- und Verhaltensmuster automatisch abläuft – man könnte sagen, dass es in vielen Fällen unkontrolliert abläuft. Durch die Bewusstmachung dieser inneren Vorgänge und die Intention, diese in eine bessere Richtung zu lenken, verändert sich auch die Gehirnstruktur. Das führt dazu, dass die Informationen nicht mehr so zügig übertragen werden können, weil die dominanten Neuronen und Synapsen verändert werden. Bis die ersten Erfolge sichtbar werden, kann es in der Regel mehrere Wochen dauern. Um eine Gewohnheit aufzulösen, kann es aber auch mehrere Monate oder in sehr hartnäckigen Fällen auch Jahre dauern, wie z. B. bei einem starken Raucher. Es ist aber durchaus möglich. Bereits ein paar Prozent einer Verbesserung können auch schon eine spürbare Erleichterung verschaffen. Wenn die Gedanken geändert werden, verändert sich auch die Realität, denn Gedanken erzeugen Gefühle, und Gefühle bestimmen das Verhalten. Wenn Sie also Ihr Verhalten langfristig verändern möchten, kommen Sie um die Arbeit mit den Gedankenmustern nicht herum.

Wenn wir als Kinder auf die Welt kommen, sehen wir die Dinge noch in ihrer reinen Form. Wir haben noch kein Bild über uns selbst. Später kommen die Konditionierungen hinzu und der Verstand setzt ein. Wir bilden uns eigene Meinungen und übernehmen auch Vieles, bis

diese Meinungen so dominant werden, dass sie verinnerlicht und schließlich fest im Verhalten verankert werden.
Diesen Prozess gilt es wieder umzukehren. Die Antreiber
begleiten uns schon sehr lange und es wäre töricht zu
glauben, dass wir sie von jetzt auf gleich auslöschen
könnten. Das Verständnis und Mitgefühl für uns selbst
sollten wir auch für andere aufbringen. Andere Menschen
haben genauso ihre Programme und Verhaltensmuster,
die ihre Realität bestimmen. Wenn wir uns selbst in der
Tiefe begreifen, hilft uns das auch, es bei anderen zu tun.

Kapitel 5

Methoden für mehr Ausgeglichenheit und geistige Klarheit

Emotionen und Körperbewusstsein

Es ist dem österreichischen Arzt und Psychoanalytiker Wilhelm Reich zu verdanken, dass der Körper in die Psychotherapie einbezogen wurde. Er wurde zum Begründer der Körperpsychotherapie. Genauso wie man in der Schulmedizin oft die Psyche nicht einbezieht und sich nur auf die körperlichen Symptome konzentriert, wurde auch in der Psychologie dem Körper zu wenig Aufmerksamkeit geschenkt. Viele Neurosen wurden nur über die kognitive Ebene und durch die Gesprächstherapie behandelt. Reich machte seinen Kollegen klar, dass Emotionen auch immer im Körper zu finden sind und nicht nur im Kopf sitzen. Er fand heraus, dass blockierte und unterdrückte Emotionen körperliche Beschwerden wie z. B. Muskelverspannungen und eine eingeschränkte Atmung verursachen. Er sprach vom »Körperpanzer«.

Wilhelm Reich beschrieb sieben Segmente (Augen, Kiefer, Hals, Brust, Zwerchfell, Bauch, Becken), in welchen sich chronische Kontraktionen ausbilden und zeigen können. Woher kommen die ganzen Sprüche wie: »Es geht mir an die Nieren« oder: »Mir ist eine Laus über die Leber gelaufen« oder: »Die Angst sitzt im Nacken?«

Er machte die Patienten zunächst nur verbal darauf aufmerksam, was er an Verspannungen wahrnahm, und ging sukzessive dazu über, direkt mit dem Körper zu arbeiten, indem er über Berührungen und verschiedene Atemübungen eine Lösung der Verspannungen ermöglichte. Die damit einhergehende Entladung von emotionalen Energien – oft verbunden mit einem heftigen Gefühlsausdruck – ermöglicht einen freien Fluss der Energie und ist somit die Basis für eine ganzheitliche Behandlung. Mittlerweile gibt es viele Methoden wie z. B. Yoga oder Qi Gong, die genau dieses Ziel verfolgen. Der Begriff »Qi« oder »Chi« steht für die Lebensenergie.

Auch Faszientraining mit der Faszienrolle oder die klassische Massage sind empfehlenswert. Wussten Sie, dass Faszien auch einen Einfluss auf die Psyche haben? Faszien gehören zum Bindegewebe, das sich wie ein Netz durch den Körper zieht und Organe, Muskeln und Sehnen umhüllt, damit alles am richtigen Platz bleibt. Das Bindegewebe ist auch mit dem autonomen Nervensystem verbunden und in ständiger Kommunikation mit diesem. Wissenschaftliche Untersuchungen zeigen, dass die Faszien über mehr Schmerzrezeptoren und Nervenverbindungen verfügen als die Muskeln selbst. Stress und negative Emotionen sollen sie besonders negativ beeinflussen. Es kommt dabei zu Verhärtungen und einem verklebten Gewebe. Das ist besonders bei der Massage leicht zu erkennen, wo es oft heißt, dass jemand total verspannt ist. Ein leichter Druck auf die Stelle kann bereits starke

Schmerzen auslösen. Gelingt es, diese Verhärtungen zu lösen, kann auch das Nervensystem beeinflusst werden. Es können auch eingeschlossene Emotionen, die sich schon lange im Gewebe befinden, befreit werden. Eine Masseurin erzählte, dass ihre Patienten während der Behandlung auf einmal angefangen haben zu weinen, weil die Emotionen befreit wurden. Verklebte Faszien behindern auch die Sauerstoffzufuhr zu den Körperzellen. Der Sauerstoff, der über die roten Blutkörperchen zu den Zellen gelangen will, muss zuerst durch das Bindegewebe »hindurchschlüpfen«, bevor er die Zellen erreicht, und das wird durch die Einlagerung von Giftstoffen und Verhärtungen erschwert.

Der Punkt, um den es mir hierbei geht, ist, dass ein Körper, der unterdrückte Emotionen festhält, ein großes Hindernis darstellen kann, wenn das Ziel besteht, eine ausreichende Resilienz aufzubauen.

Das Aktivieren der Thymusdrüse

Da zwischen dem körperlichen und dem seelischen Immunsystem eine enge Verbindung besteht, wollen wir uns hier genauer mit der Thymusdrüse befassen, die auch bei der Verarbeitung von Stress eine große Rolle spielt. Die Aktivierung der Thymusdrüse ist eine schnelle und effektive Methode, um Stress abzubauen und die körpereigene Energie zu steigern. Die Thymusdrüse ist ein sehr wichtiges Organ für das Immunsystem. In ihr werden bestimmte Abwehrzellen – die Lymphozyten, die zu den weißen Blutkörperchen gehören – auf ihre Aufgabe vorbereitet. Dafür werden die Immunzellen hier so geprägt, dass sie körpereigene Oberflächenstrukturen (Antigene) von Bakterien oder Viren von körperfremden Antigenen unterscheiden können. Dies ist wichtig, um zu verhindern, dass die Immunzellen den eigenen Körper angreifen und sogenannte Autoimmunkrankheiten entstehen.

Die Lymphozyten kommen aus dem Knochenmark in die Thymusdrüse. Durch den Einfluss der Thymushormone reifen diese Zellen heran und siedeln sich danach in den Lymphknoten und der Milz an, wo neue Abwehrzellen entstehen. Der Thymus produziert außerdem Hormone, die unter anderem das Körperwachstum, den Knochenstoffwechsel und den Energiehaushalt unterstützen.

Schon den alten Griechen war bekannt, dass die Drüse die Lebensenergie steuert. Das griechische Wort »thymos« bedeutet Lebensenergie. Über dieses Organ lagen bis zu den 50er Jahren wenige Kenntnisse vor. Bei Erwachsenen fand man diese Drüse oft verkleinert vor. Der Grund für die Schrumpfung liegt darin, dass die Drüse bei akutem Stress oder einer Infektion um die Hälfte ihrer Größe schrumpfen kann. Es kam früher zu schweren Fehldiagnosen, weil Kinder sehr oft größere Thymusdrüsen hatten als Erwachsene. Die Ärzte nahmen an, dass sie bei Kindern geschwollen war und es sich dabei um eine Krankheit handelte, die behandelt werden musste. In Wahrheit war die Größe aber vollkommen normal. Es fanden Behandlungen statt, wo die Drüse bestrahlt wurde, was dazu geführt hat, dass ein wichtiger Teil des Immunsystems beschädigt wurde. Auch Tiere besitzen die Thymusdrüse, die sie vor Infektionen und der Entstehung von Krebs schützt.

Das Klopfen

Das Beklopfen der Drüse ist eine Methode, die zur Entspannung und Ausgeglichenheit führt und dabei hilft, Stress, Anspannung und Leistungsdruck abzubauen. Zudem fördert das regelmäßige Klopfen das körperliche Immunsystem und hilft, die körpereigene Energie zu steigern. Die Drüse befindet sich mittig im Brustkorb, ca. 7 cm unterhalb der Halsgrube.

Klopfen Sie mit der Faust oder mit den Fingern ca. 60 – 90 Sekunden lang leicht auf den Thymus. Das Klopfen ist eine wirkungsvolle Selbstcoaching-Methode, die jederzeit angewendet werden kann. Es kann auch mehrere Male am Tag geklopft werden – bei Bedarf oder auch in einer ganz entspannten Situation. Vielleicht war King Kong deswegen so stark? Er klopfte sich ja regelmäßig auf die Brust.

Optional können Sie auch bestimmte Affirmationen oder Glaubenssätze während des Klopfdurchganges aussprechen, die die Wirkung verstärken. Es können auch die Sätze mit den Erlaubern sein, um die Antreiber zu besänftigen. Diese Methode können Sie also auch in Kombination bei der Arbeit mit den inneren Antreibern anwenden. Hier gibt es eigentlich kein Richtig oder Falsch. Klopfen

Sie auch, wenn Sie einfach mal Lust dazu haben. Beim Klopfen ist es nicht so wichtig, die Drüse exakt zu treffen, sondern ungefähr den Bereich abzudecken, wo sie sich befindet. Das wird erreicht, indem man z. B. mit allen Fingern klopft oder die Hand zu einer Faust schließt.

Wasser und Psychohygiene

Bei dieser Übung wollen wir uns die Kraft des Wassers zunutze machen. Dem Wasser wurde schon immer eine reinigende und heilende Wirkung zugeschrieben. In vielen Ländern werden Rituale praktiziert, die zur körperlichen und energetischen Reinigung verhelfen sollen. In Bali gibt es einen Wassertempel namens »Pura Tirta Empul«, der zu den ältesten religiösen Heiligtümern gehört und Touristen aus aller Welt magisch anzieht. Es gibt Bereiche, die für Touristen nicht gestattet sind, und bei einem Verstoß droht sogar ein hohes Bußgeld. Dieser Ort gilt als heilig und daran lässt sich erkennen, wie bedeutungsvoll das Wasser für diese Kultur ist. Es ist viel mehr als nur ein Lebensmittel – es ist das Leben selbst. Das heilige Quellwasser ist mit normalem Leitungswasser nicht zu vergleichen, aber für die nächste Übung ist auch letzteres geeignet, da die Wirkung von der Intention abhängt. Sie müssen nicht extra nach Bali reisen, um ein kleines Ritual selbständig durchzuführen. Was Sie aber brauchen, ist eine klare Absicht.

Die psychische Hygiene wird von vielen Menschen sehr oft vernachlässigt. Ein Mensch, der auf seine körperliche Hygiene nicht achtet, wird von anderen schnell als schlampig oder sogar als eklig bezeichnet. Er riecht unangenehm und der Kontakt wird gemieden. Was passiert aber, wenn jemand nicht auf seine seelische Hygiene achtet? Menschen, die eine feine Wahrnehmung haben, könnten so jemanden unter Umständen auch als unhygienisch wahrnehmen. Das ist aber eher dann der Fall, wenn sich sehr viel emotionaler Ballast angehäuft hat.

Gehen wir also gleich zur Übung über:
Jetzt geht es hauptsächlich darum, sich von destruktiven Emotionen zu befreien. Die Methode kann bei emotionalem Stress, negativen Emotionen aller Art und auch bei belastenden Gedanken wie z. B. Sorgen, Zweifeln usw. genutzt werden. Gehen Sie hierfür zu einem Wasserhahn und drehen Sie das Wasser auf. Die Temperatur können Sie selbst bestimmen. Es empfiehlt sich aber, kühles Wasser zu verwenden, da es einen frischeren und stärkeren Effekt hat, als warmes Wasser. Nehmen Sie nun die belastenden Emotionen in Ihnen wahr. Wo im Körper spüren Sie es? Gefühle sind auch immer im Körper zu spüren, wenn genau darauf geachtet wird. Beliebte Stellen sind vor allem im Halsbereich, in der Gegend der Brust und im Bereich des Solarplexus. Bei belastenden Emotionen kann man auch die Empfindung haben, eine Last auf den Schultern zu tragen. Zudem kann sich auch ein Druckgefühl im Kopf oder auch Hitze bemerkbar machen. Manchmal kommt es einem auch so vor, als ob ein dunkler Nebel um den Kopf kreist, der die Sinne trübt.

Bei dieser Übung ist es nicht so wichtig, genau zu verstehen, woher diese Empfindungen kommen oder was sie ausgelöst hat, sondern sie vorrangig wahrzunehmen und mit ihnen zu arbeiten. Sie können später immer noch analysieren, wo die Ursache liegt.

Halten Sie Ihre Hände unter das fließende Wasser und stellen Sie sich dabei vor, wie die Belastung vom Wasser abgespült wird. Denken Sie dabei, dass Gefühle wie Ärger, Wut, Zweifel oder was auch immer Sie gerade empfinden, abgewaschen werden bzw. in das Wasser übergehen. Achten Sie darauf, dass das benutzte Wasser sauber abfließt und nicht mehr verwendet wird. Seien Sie fest davon überzeugt, dass die schlechte Energie aus dem Körper fließt und vom Wasser mitgenommen wird. Der Atem kann Sie dabei unterstützen. Atmen Sie die schlechte Energie auch durch den Mund aus. Die Emotionen können dabei mit dem Atem durch den Körper gelenkt werden. Das Wort »E-motion« kann im Englischen mit »energy in motion« verglichen werden, also Energie in Bewegung, da eine Emotion im Prinzip nichts anderes ist als Energie. Versuchen Sie beim Atmen, die Energie durch den Körper zu dirigieren. Lenken Sie den Strom von der betroffenen Stelle über die Schultern und Arme in Richtung der Hände. Stellen Sie sich dann beim Ausatmen intensiv vor, wie alles Negative aus den Hautporen ausströmt und in das Wasser übergeht. Zusätzlich können Sie belastende Empfindungen und Spannungen auch durch den Mund ausatmen. Sie werden nach einer Weile eine Erleichterung spüren. Die Dauer der Übung hängt von der Belastung ab. Es können zwei oder drei Minuten ausreichen. Wenn Sie aber das Gefühl haben, dass die Übung Ihnen gut tut, können Sie auch länger dabei verweilen. Der Effekt dieser Übung basiert darauf, dass die schlechte Energie durch Ihre Willenskraft aus den Händen austritt und das System verlässt. Beobachten Sie auch Ihre Hände und das abfließende Wasser. Vielleicht hilft es Ihnen auch, sich das abfließende Wasser in einer grauen Farbe zu imaginieren, die für das Destruktive steht, um so die Energien noch besser wahrnehmen zu können. Oft können bestimmten Qualitäten Farben zugeordnet werden. Probieren Sie aus, wie es für Sie am besten klappt. Bei dieser Übung geht es nicht darum, alle negativen Empfindungen sofort loszuwerden, sondern eine Erleichterung zu erfahren. Wenn Sie so viel geübt haben, dass Sie in der Lage sind, Ihre Emotionen in kurzer Zeit aufzulösen, umso besser. Es kann gut möglich sein, dass noch negative Emotionen spürbar sind, da diese Übung, wie alle anderen auch, kein Wundermittel ist, um alle schlechten Dinge im Menschen komplett verschwinden zu lassen. Ein gewisser Erfolg und eine Erleichterung dürfen aber erwartet werden.

Gerade in spirituellen Kreisen wird immer vom »Einfach loslassen« gesprochen. Sicher haben Sie schon einmal davon gehört und fragen sich wahrscheinlich auch, was damit gemeint ist. So einfach, wie sich die Sache anhört, ist es meistens nicht. Man geht manchmal davon aus, dass wir eine Sache, die uns an der eigenen Person stört oder auch unerwünscht ist, von einer auf die andere Sekunde einfach loslassen können. Vielleicht gibt es Menschen, die so etwas können – die meisten können es aber nicht. Wenn das »Loslassen« so einfach wäre, könnte es doch jeder. Einen inneren Antreiber, der uns schon sehr lange begleitet, können wir auch nicht einfach so loslassen. Viele meinen mit Loslassen eher Loswerden. Probieren Sie es doch mal selbst! Denken Sie an etwas, das Sie an sich nicht mögen, und versuchen Sie, es einfach loszulassen. Warten Sie nun einen Moment. Merken Sie, was passiert ist? Gar nichts! Um etwas loszuwerden, müssen wir es zuerst genauer anschauen. Wir müssen etwas, das zu uns gehört, in unser Bewusstsein einladen und es zunächst annehmen, damit wir damit Frieden schließen können. Wenn das gelungen ist, lässt die Sache uns los und kann gehen. Genauso verhält es sich mit den negativen Emotionen. Diese einfach loszulassen, wäre sicher der bequemere Weg. In der Tat verhält es sich aber so, dass wir ein Thema zuerst fühlen sollten und uns damit auseinandersetzen müssen, um es aufzulösen. Wir müssen dem Thema erlauben, aus dem Unterbewusstsein aufzusteigen, es dabei fühlen und durchleben, um es dann zu entlassen.

»Bewusstwerdung und Annahme sind die Grundlage jeder Veränderung.«

Es ist nicht möglich, alle emotionalen Themen einfach nur »wegzumeditieren« oder sich aus jeglichen Emotionen »herauszudenken«. Gefühle wollen von ihrer Natur aus gefühlt werden, darum heißt das Wort auch »Gehfühl«, also geh hin und fühl.

Die Macht der Intention

Ob diese Übung die gewünschte Wirkung erzielt, hängt sehr stark mit der Intention zusammen. Deshalb wollen wir uns anschauen, was es mit diesem Begriff auf sich hat. Intention wird auch mit der Willenskraft in Verbindung gebracht, dabei gibt es aber unterschiedliche Formen. Wenn wir etwas wollen, setzen wir dabei unsere geistigen und körperlichen Kräfte ein, um es zu bekommen. Dabei spielt es aber eine große Rolle, wo wir innerlich stehen. Das klassische »Wollen« kommt in den meisten Fällen aus einem Mangelbewusstsein. Es wird auf ein Ziel geschaut, das in weiter Ferne steht. Die Vorstellung ist also nicht greifbar und es scheint sehr schwer zu sein, das angestrebte Ziel zu erreichen. Es wird gehandelt, weil es andere von uns erwarten.

Beim »Wollen« ist es meistens so, dass versucht wird, von etwas wegzudenken. Das Ego ist hier am Werk und es ist keine klare Richtung zu erkennen. Die Aufmerksamkeit fließt in mehrere Richtungen und wir wissen oft nicht, wie genau der Weg oder das Ziel aussehen soll. Es wird einfach gehandelt, ohne einen klaren Fokus zu haben, und die Ergebnisse sind daher oft unbefriedigend. Es gleicht dem Szenario, als ob jemand viel Sport macht, nur um nicht krank zu werden. Der Fokus ist hier auf die potentiellen Nachteile gerichtet und nicht auf die Gesundheit. Innerlich besteht also die Notwendigkeit, viel Sport zu treiben, um ja nicht krank zu werden, doch das ist eine verkehrte Einstellung. In so einem Fall ist Angst die Motivation und der Wunsch, Schmerz und Leid zu vermeiden, ist größer, als Gesundheit und Vitalität zu erfahren. Das Negative hat dadurch mehr Macht als das Positive. Es würde schon sehr seltsam klingen, wenn jemand sagt: »Ich gehe zum Sport, damit ich nicht krank werde.« So etwas ist zwar eher selten zu hören, doch die innere Haltung sagt manchmal genau das. Die richtige Intention könnte hier z. B. lauten: »Ich strebe nach einem gesunden Geist in einem gesunden Körper.«

Dieses Mangelbewusstsein kann dazu führen, dass wir uns manipulieren lassen und alle möglichen Lösungen anschauen, ohne zu merken, ob diese für uns richtig sind. Es wird also wild darauf los gearbeitet und herumprobiert, und das Ego kritisiert einen noch fleißig, wenn es nicht so läuft, wie man sich das vorstellt. Schnelle Lösungen sind schnell versprochen, doch es fehlt hier an der Konzentration. Bei der vorherigen Übung ist genau diese Konzentration für den Erfolg gefragt. Bei der Intention ist der Fokus viel klarer und es besteht nicht nur die Absicht, etwas halbherzig auszuprobieren, sondern es auch wirklich zu tun. Die Richtung und der Fokus sind hierbei gebündelt, um das richtige Ziel zu erreichen. Das Ego, das immer dazwischenfunkt, wird dabei, so gut es geht, ruhiggestellt. Sie können sich die Intention wie einen Laser vorstellen, der durch die chaotischen Gedanken schneidet. Auf die Übung bezogen bedeutet das also, dass Sie sich vorstellen, dass die gewünschte Wirkung umgehend eintritt. Es passiert bereits, während Sie daran denken. Die Intention ist viel zielgerichteter als das »Wollen«, das meistens aus einer Notwendigkeit heraus besteht. Es gibt auch Menschen, die an ihrer Persönlichkeit arbeiten, damit sie es weiterhin in einem Job aushalten, der sie belastet. Hier liegt ein Irrtum vor, da es den Schaden nur weiter hinauszögern würde, weil die innere Motivation auf die Schmerzvermeidung hinausläuft. Man kann zwar an sich arbeiten, um widerstandsfähiger zu werden; das Ziel sollte aber auch darin liegen, glücklicher zu werden. Bei der Intention verhält es sich ganz ähnlich. Es ist eine entschlossene Handlung. Dabei kann zwar dasselbe Ziel angestrebt werden, nur die Vorgehensweise und die geistige Einstellung sind unterschiedlich.

Denken Sie also bei der Übung mit dem Wasser nicht nur an die negativen Emotionen, sondern auch an das eigentliche Ziel – nämlich die Erleichterung und Befreiung. Seien Sie vom Erfolg und der Wirkung überzeugt. Es wird nicht ewig hin und her geredet und alles auf die lange Bank geschoben. Die eigene Meinung wird nicht ständig geändert und es wird auch nicht auf die Zustimmung der anderen gewartet.

Aus diesen Gründen scheitern auch so viele Neujahrsvorsätze. Zum Jahresende werden Vorsätze gemacht, die um jeden Preis eingehalten werden müssen. In Gedanken wird sich ein hohes Ziel gesetzt, das vielleicht erreicht werden kann, wenn man nur genügend Disziplin hat. Oft ist das Scheitern aber vorprogrammiert, weil man einen entscheidenden Fehler macht: Zwischen dem Ziel und dem eigenen Punkt, an dem man gerade steht, befindet sich eine große Kluft, die verunsichert, und somit rückt das Ziel wieder in die Ferne. Nach ein paar Wochen oder ein paar Monaten ist dann wieder alles beim Alten. Bei der Intention hingegen wird eine Brücke gebaut. Allein schon der Prozess gehört zum Ziel. Dabei ist gar nicht so viel Disziplin nötig, wie man glaubt. Die Entschlossenheit und das Gefühl, es sich wert zu sein, spornen dazu an, weitere Schritte zu gehen. Manchmal hört man von Leuten, die von einem auf den anderen Tag eine schlechte Gewohnheit aufgegeben haben, und dabei wurde nicht immer mit großen Vorsätzen oder Disziplin gearbeitet. Es war eine klare Entscheidung, einen bestimmten Zustand herzustellen, der zum neuen Lebensstil passte. Sicherlich ist das nicht für jeden so leicht, wie es sich anhört, weil es bei manchen Gewohnheiten länger dauert, sie aufzugeben. Unter bestimmten Voraussetzungen können aber Gewohnheiten schnell aufgegeben werden, wenn man es geschickt angeht. Man arbeitet für etwas und nicht gegen etwas. Es geht weniger darum, etwas zu schaffen, sondern etwas klar zu sehen und sich auf diese Energie einzustimmen. Man sagt: »Bei mir hat es Klick gemacht und seit diesem Tag hat sich mein Leben verändert.« Bei so einer Aussage könnte eine kraftvolle Intention am Werk gewesen sein.

Positive Punkte – eine Wohltat gegen Stress

Diese Übung stammt aus der Kinesiologie und ist eine schnelle Methode, Stress und Ärger abzubauen. Man geht davon aus, dass jeder in der Lage ist, die eigenen Selbstheilungskräfte zu aktivieren und so das eigene System in Balance zu bringen. Das Berühren der sogenannten »neurovaskulären Punkte« auf den Stirnbeinhöckern erzielt eine Wirkung auf das Vorderhirn und reguliert die Durchblutung. In einer stressreichen oder unangenehmen Situation greifen wir uns auch intuitiv auf die Stirn (auch »facepalm« genannt). Diese Kontaktpunkte stehen auch in Verbindung mit dem Magen, da Stress ja bekanntlich auf den Magen schlägt. Diese Übung kann ganz unauffällig geschehen und bei Bedarf öfters wiederholt werden. Wenn Sie nicht sicher sind, wo genau sich die Punkte befinden, können Sie auch einfach die ganze Hand auf die Stirn legen.

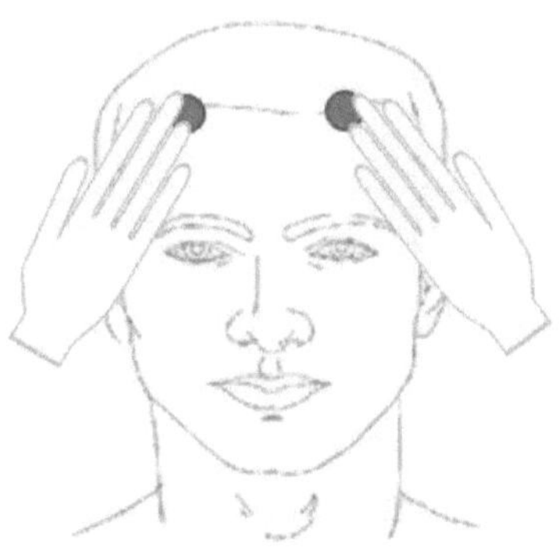

Abb. 2 Neurovaskuläre Punkte der Stirnbeinhöcker

Ablauf:

- Denken Sie an eine stressige oder unangenehme Situation. Das kann in der Vergangenheit oder in der Zukunft sein oder auch ein Ereignis, das Sie aktuell belastet.
- Berühren Sie mit den Fingerspitzen beider Hände sanft die Stirnbeinhöcker. Die Punkte befinden sich zwischen Haaransatz und Augenbrauen. Oft ist an diesen Punkten ein leichter Puls spürbar.
- Bleiben Sie gedanklich bei der belastenden Situation. Atmen Sie dabei ruhig und tief.
- Die Punkte werden so lange berührt, bis sich der Stress reduziert und eine Entspannung eintritt.

Anwendungsbeispiele:

- In Prüfungssituationen
- Lernschwierigkeiten
- Sprechen vor einem Publikum
- Zur Beruhigung und Entspannung
- Allgemeines Unwohlsein
- Sportliche Wettkämpfe
- u.v.m.

Kapitel 6

Krisen und schwierige Umstände

Der Konflikt zwischen der Innen- und der Außenwelt

Es kann immer wieder vorkommen, dass wir in eine Phase kommen, in der die erlernten Dinge zwar recht hilfreich sind, aber durch äußere Umstände trotzdem an unsere Grenzen stoßen können. Es gibt Situationen, die oft aussichtslos scheinen und in denen ein Ausweg nur schwer zu finden ist. Ist die Resilienz stark, können wir mit diesen Herausforderungen besser umgehen, doch was ist, wenn die harten Umstände sehr lange andauern? Was ist, wenn wir einige Monate oder Jahre durch schwere Zeiten gehen müssen und die Besserung nur sehr langsam geschieht? Die Ungeduld und das Misstrauen können hier zu ständigen Begleitern werden. Wir sind fähig, uns aus der Opferrolle zu befreien, und dennoch werden wir mit Schicksalsschlägen konfrontiert. Plötzlich ist der Job weg und die finanzielle Not ist nahe, obwohl vieles scheinbar richtig gemacht wurde. Eine robuste Resilienz bewahrt uns nicht vor allen Unglücksfällen, die das Leben an uns heranträgt. Der Charakter kann sogar sehr widerstandsfähig sein, und dennoch stehen wir manchmal vor Hindernissen, bei denen wir nicht weiterkommen. Die Methoden, die wir kennen, mögen sich als nützlich erweisen, und doch wird das ersehnte Ziel nicht erreicht. In den meisten Ratgebern ist davon die Rede, wie man im Idealfall sein sollte. Es wird also meistens der »Soll-Zustand« beschrieben. Wir sollen verantwortungsvoll und ethisch handeln und wagemutig leben. Doch was ist, wenn uns das nicht immer gelingt? Wie gehen wir damit um, wenn wir trotz großer Anstrengungen die Ziele nicht erreichen, welche wir uns vorgenommen haben, und die Früchte unserer Arbeit erst viel später ernten können? Es gibt Menschen, die mit beiden Beinen im Leben stehen und dennoch irgendwann in eine Krise rutschen. Auch wenn man fest verwurzelt im Leben steht, kann es passieren, dass der Boden unter den Füßen weggezogen wird.

In manchen Fällen trifft die Regierung bestimmte Maßnahmen, die die Freiheit des einzelnen Menschen einschränken und ihn bei der persönlichen Entwicklung hemmen, wie es auch in der Vergangenheit zu sehen war. Neue Projekte zu planen oder neue Wege zu gehen, muss vorerst auf Eis gelegt werden. Steigende Preise für Lebensmittel und Mieten sorgen für schlaflose Nächte und finanzielle Sorgen. Psychologisches Wissen kann sehr hilfreich sein, es gibt aber Lebensabschnitte, wo es manchmal eine etwas andere Vorgehensweise braucht.

Hier ein Beispiel, wie so etwas aussehen kann:
Angenommen, jemand lebt in einer Stadt, die ihm ganz und gar nicht gefällt. Das Wetter ist meistens trüb und regnerisch, die Wohnung ist für die Bedürfnisse zu klein und die Miete zu hoch. Die Nachbarn sind auch nicht ge-

rade freundlich und der Wunsch nach einer Veränderung wird immer größer. Es gibt auch schon eine neue Stadt, die für den großen Umzug angestrebt wird, jedoch fehlt momentan das Geld dazu. Die Übersiedlungskosten würden laut der Rechnung weit über dem Budget liegen und auch die Bank gewährt keinen Kredit. Das Selbstvertrauen und die Entschlossenheit wären zwar vorhanden, aber die finanziellen Mittel fehlen einfach. Das lässt sich auch nicht »schönreden« oder in ein paar Sekunden erledigen. Die äußeren Umstände sorgen weiterhin für Unzufriedenheit und Ungeduld. Bis eine passende Wohnung gefunden wird, können viele Monate, unter Umständen auch Jahre vergehen. Berufswechsel, Kündigungsfristen und die vorzeitige Überweisung der Kaution in Höhe von mehreren Monatsmieten können dieses Vorhaben sehr in die Länge ziehen. Kommen dann noch andere Faktoren hinzu, kann das Ganze auch in eine Krise führen, auch wenn man schon viele Entspannungsübungen und Seminare zum Thema Selbstverwirklichung besucht hat. Dass es an finanziellen Mitteln mangelt, ist zum Alltag geworden. Viele Projekte werden nicht verwirklicht, weil hier und da etwas für die Umsetzung fehlt. Alles »schönzureden« oder bei jemandem zu betteln hilft in den wenigsten Fällen, schließlich will man sich ja irgendwo seine Würde bewahren.

Ein anderes Beispiel: Ich kannte einen Mann, der sich beruflich neu orientieren wollte. Er hat ein paar Jahre damit verbracht, herauszufinden, wo seine Talente liegen, und nahm sich genügend Zeit, sich über neue Wege zu informieren. Er konnte sich nicht vorstellen, diese Arbeit bis zu seiner Pension zu machen und dann als verbitterter Greis in den Ruhestand zu gehen. Auch hier war die Unzufriedenheit deutlich spürbar und er tauschte einfach nur Zeit gegen Geld ein. Er sah in diesem Berufsfeld keine Entwicklung oder irgendwelche Zukunftsperspektiven. Seinen erlernten Beruf wollte er schon längere Zeit aufgeben, da er in dieser Arbeit keinen Sinn mehr erkannte. Schließlich fand er eine Richtung, die ihm gefiel, und absolvierte eine längere Ausbildung, die auch einiges kostete. Er erhoffte sich dadurch, neue berufliche Perspektiven und eine vernünftige Anstellung zu bekommen. Er suchte im Internet nach passenden Stellen und begann sich zu bewerben, doch er bekam nur Absagen. Seine Ausbildung wurde als unzureichend eingestuft und es wurden Bewerber bevorzugt, die ein Studium hatten. Es vergingen einige Monate und die Absagen stapelten sich. Er fing an zu zweifeln und wurde sehr ungeduldig, da er auch seinen aktuellen Job nicht mochte. Jeden Tag eine Arbeit zu machen, die einem nicht gefällt und die die Lebenskraft aussaugt, oder bei der man sogar unterfordert ist, ist auch eine Form von Stress.

Inzwischen vergingen zwei Jahre und er fand immer noch keine passende Stelle, obwohl er sich sehr bemüht hatte. Doch seine Bemühungen blieben ohne Erfolg und er haderte mit seinem Schicksal und fragte sich dabei immer wieder, wie es weitergehen sollte. Es kam ihm so vor, als ob das Universum sich gegen ihn verschworen hatte, weil er überall vor verschlossenen Türen stand. Einmal erhielt er ein Angebot, das mehr einer ehrenamtlichen Tätigkeit glich und nicht der Qualifikation seiner

Ausbildung entsprach, die er mitbrachte. Gute Tipps und weise Ratschläge von anderen Menschen halfen ihm auch nicht weiter. Er konnte diese gut gemeinten Ratschläge irgendwann nicht mehr hören und ist beinahe in eine Krise geschlittert, obwohl er viel Ausdauer hatte und auch ziemlich resilient war. Der Mann musste sich mit seinem ungeliebten Job über Wasser halten und es blieb ihm nicht viel anderes übrig, als auszuharren und darauf zu vertrauen, dass sich das Blatt irgendwann zum Besseren wendet.

An diesen beiden Beispielen ist zu erkennen, dass es auch äußere Umstände sein können, die jemanden in eine schwierige Lage bringen und vielleicht irgendwann sogar in die Knie zwingen, und nicht nur die bereits geschilderten inneren Antreiber. Berufliche und finanzielle Schwierigkeiten sind in den meisten Ländern sehr präsent. Es braucht oft eine Weile, bis sich die Wogen wieder glätten und eine passende Lösung gefunden wird. Trotzdem sind bei der Entstehung von Leid noch mehrere Faktoren im Spiel, auf die hier nun näher eingegangen werden soll.

Die Entstehung von Leid

Schon Buddha sagte: »Jedes menschliche Leid kommt vom Widerstand gegen das, was ist.«
Dass dieser Satz eine tiefe Wahrheit in sich trägt, lässt sich bei genauerer Untersuchung leicht feststellen. Deshalb möchte ich jetzt über die Entstehung von Leid sprechen – natürlich auch, wie wir das Leid verringern können. Leid kann nicht gänzlich vermieden werden. Schon die Geburt eines Kindes ist damit verbunden und auch in der Natur geht es oft sehr brutal zu. Wie immer ist es aber eine Frage des Bewusstseins, wie viel Leid ein Mensch erfährt. Das wir mit schwierigen Umständen konfrontiert werden, muss daher sehr subjektiv betrachtet werden, um eine geeignete Lösung zu finden. Bei der objektiven Betrachtung müssen wir anders vorgehen. Befindet sich z. B. jemand in einer schädlichen Umgebung, wo die giftige Luft und das verschmutzte Wasser die Gesundheit gefährden, wird das höchstwahrscheinlich auch passieren, wenn derjenige die Augen davor verschließt, täglich meditiert und so tut, als ob diese Realität nicht existiert. Die giftigen Chemikalien können ihn sogar töten, auch wenn dieser Mensch das als Lüge abstempelt und so handelt, als wäre alles in Ordnung. Dass Sie giftiges Wasser trinken wollen und sich absichtlich einer Gefahr aussetzen – von dem soll hier aber nicht ausgegangen werden. Gehen wir mehr davon aus, dass eine halbwegs vernünftige Lebensweise herrscht, wo die Gesundheit und das Erreichen der eigenen Ziele im Vordergrund stehen und es sich somit

mehr um subjektive Dinge handelt, welche beeinflussbar sind. Werden bestimmte Ziele nicht erreicht, entsteht oft Leid. Werden wir enttäuscht, entsteht emotionaler Schmerz. Werden wir betrogen und belogen, entsteht noch mehr Leid. Doch warum ist das so? Sind es in solchen Fällen (mit Ausnahme der vergifteten Umwelteinflüsse) wirklich die äußeren Umstände, die das Leid und den emotionalen Schmerz erzeugen, oder sind wir es selbst? Wir hören oft: »Er hat mich wütend gemacht« oder: »Sie hat mich zutiefst enttäuscht.« Können wir uns wirklich sicher sein, dass der andere Mensch uns wütend oder traurig gemacht hat, oder waren wir es vielleicht selbst? Die Leute sind es gewohnt, jemanden zu suchen, der für die schlechte Laune verantwortlich ist, aber oft sind wir selbst dafür verantwortlich. Es kann sehr schwer zu glauben sein, aber es sind sehr selten die äußeren Umstände oder die anderen Personen, die uns in eine schlechte Stimmung versetzen, sondern es sind in den meisten Fällen die eigenen Reaktionen. Je nachdem, wie unsere Bewertungen ausfallen, entstehen auch entsprechende Gefühle. Eine Aussage oder ein Verhalten eines anderen Menschen nehmen wir als negativ wahr, weil wir es in dem Moment so bewerten. Genauso machen wir es auch im großen Stil mit bestimmten Umständen. Die Dinge im Außen holen innerlich Themen hoch, die schon lange in uns existieren. Menschen und Umstände drücken sozusagen unsere »Knöpfe« oder »triggern« uns. Die Gefühle, die wir spüren, tragen wir aber schon lange mit uns herum. Sie sind irgendwann in der Vergangenheit durch

die eigene Bewertung und durch das Denken entstanden
und tun es heute immer noch.

»Es sind nicht die Dinge selbst, die uns beunruhigen,
sondern die Vorstellungen und Meinungen von den
Dingen.«

Epiktet

Ich habe selbst lange gebraucht, um dieses Zitat zu verstehen, also machen Sie sich keine Sorgen, wenn Sie es
nicht gleich begreifen.

Beim Leid ist es aber noch eine Stufe intensiver, da
hier allmählich ein Widerstand aufgebaut wird. Dieser
Widerstand ist innerlich zu spüren und entsteht, wenn ein
großer Mangel an Akzeptanz herrscht. Akzeptanz und
Widerstand können somit als Gegenspieler angesehen
werden. Je mehr Widerstand gegen eine Sache geleistet
wird, umso weniger Akzeptanz ist vorhanden. Auf diesem Weg entstehen auch die vielen Probleme, die der
Mensch hat. Ein Problem ist in den meisten Fällen etwas,
das vom Verstand durch wiederholtes Bewerten kreiert
wurde. Durch die ständige Wiederholung wird das Problem aufrechterhalten, weil es ständig mit Energie versorgt wird – es wird sozusagen am Leben erhalten. Der
vorliegende Umstand an sich ist meistens neutral, doch
wir drücken ihm einen negativen Stempel auf. Ein Problem kann auch als Aufgabe gesehen werden, die es zu
lösen gilt – nicht mehr und nicht weniger. Es ist nicht rat-

sam, den Kopf in den Sand zu stecken und zu versuchen, alles zu ignorieren, sondern damit präsent zu sein. Das soll nicht heißen, dass wir jede Sekunde daran denken müssen und ständig nach Lösungen suchen sollen. Es heißt vielmehr, die Realität anzuerkennen und den Dingen ins Auge zu schauen. Wir können die Entscheidung treffen, uns der Realität zu stellen, um die Dinge bei den Hörnern zu packen. Wie die Bewertung dabei genau ausfällt, ist eine ganz andere Sache. Leid entsteht immer dann, wenn damit gehadert wird, wie die Dinge im Moment laufen. Es gibt sehr viele Menschen, die mit ihrem Schicksal hadern, weil sie das Gefühl haben, irgendwo »festzustecken«. Dabei ist es aber der eigene Verstand, der das Problem größer macht, als es eigentlich ist. Wer nicht bekommt, was er will, leidet – wer bekommt, was er nicht will, leidet auch. Es herrscht eine große Diskrepanz zwischen dem aktuellen Ist-Zustand und dem Wunsch-Zustand oder Soll-Zustand, wie z. B. bei einem Jugendlichen, der endlich Auto fahren will, aber noch zu jung ist, um den Führerschein zu machen. Es gibt für ihn keinen Trick der Welt, um dieses Gesetz legal zu umgehen, und deshalb leidet er. Er leidet genau genommen nicht, weil das Gesetz vorschreibt, dass er erst ab einem bestimmten Alter ein Auto lenken darf, sondern weil er ungeduldig ist und ihn die Warterei nervt.

Durch die negative Bewertung ist man oft für andere Lösungen eingeschränkt. Der Fokus ist eingeengt und es kann ein Tunnelblick entstehen. Die Ansätze führen nicht zum gewünschten Ziel und es wird trotzdem krampfhaft daran gearbeitet. Der eigene Standpunkt wird mit aller

Kraft vertreten und andere Meinungen werden nicht mehr zugelassen. Gerade dieses »Festhalten« erschafft großes Leid. Es gibt eine momentane Realität, die sich oft nicht so schnell ändern lässt. Wenn jemand mit dieser Realität streitet oder argumentiert, wird sie sich trotzdem nicht von jetzt auf gleich ändern lassen. Das gilt vor allem für die größeren Umstände und Lebensbereiche wie Beruf, Finanzen, Beziehungen, den eigenen Gesundheitszustand und Ähnliches. Kleine Dinge hingegen können manchmal recht schnell verändert werden, ohne dass große Kraftreserven mobilisiert werden müssen.

Hier soll verständlich werden, wie der Zusammenhang von Leid und der eigenen Wahrnehmung ist, und deshalb dürfen wir auch die eigenen Bedürfnisse nicht außer Acht lassen. Wenn es heißt, dass Leid und eine schlechte Stimmung hauptsächlich durch die eigene Bewertung zustande kommen, darf hier nicht vergessen werden, dass auch noch menschliche Bedürfnisse im Spiel sind. Auch wenn die Meinung außen vorgelassen wird, kann immer noch das Gefühl entstehen, dass etwas im Leben fehlt. Jeder Mensch hat Grundbedürfnisse, die sich regelmäßig zeigen. Nehmen wir an, jemand leidet sehr unter Gefühlen der Einsamkeit. Dieses Empfinden wird sicherlich zum Teil durch die eigenen Gedanken ausgelöst. Es können Gedanken von Misstrauen oder Zweifel sein – Zweifel, dass derjenige niemanden mehr finden wird oder nicht gut genug für eine Beziehung ist. Dieser Mensch könnte z. B. von sich denken: »Ich bin hässlich und niemand will mich«, oder: »Ich bin nicht liebenswert und werde nur verletzt, wenn ich mich öffne.« Dass solche Gedanken negative Gefühle auslösen, steht außer Frage. Was allerdings hinzukommt, ist ein gewisses Grundbedürfnis nach menschlicher Nähe, das in jedem Menschen wohnt und ein vollkommen natürlicher Ausdruck ist. Auch ein zufriedener Mensch kann Momente haben, in denen er sich nach jemandem sehnt, mit dem er sein Glück teilen kann. Ein süßer Schmerz nach Zweisamkeit ist normal, doch um wirklich zu leiden, braucht es deutlich mehr, und genau diese Steigerung entstammt den eigenen strengen Bewertungen.

Wir müssen also verstehen, dass großes Leid nicht unbedingt heißt, dass ein Grundbedürfnis nicht erfüllt ist, sondern dass da noch mehrere Faktoren im Spiel sind, und diese spielen sich hauptsächlich in der Innenwelt ab. Bedürfnisse und Wünsche sollten nicht unterdrückt werden, so wie es manche Gurus lehren. Es ist stets wichtig, die Mechanismen, die uns leiden lassen, zu erkennen und zu verändern.

Erkennen Sie daher an, dass es einen Grund hat, warum Ihr Leben gerade so verläuft, wie es verläuft. Es muss nicht so bleiben, aber sich deswegen niederzumachen oder jeden Tag hart zu kämpfen, führt nicht immer zur Lösung, auch wenn es sich vielleicht heldenhaft anhört. Untersuchen Sie Ihr Problem. Sie können statt »Problem« auch »Thema« sagen oder es eine Aufgabe nennen. Welche Entscheidungen haben dazu geführt? Ist das Problem, das Sie haben, unveränderlich? Ist es etwas Kreiertes, das Sie sich einmal ausgedacht haben, oder besser gesagt Ihr Ego? Halten Sie das Problem künstlich am Leben, weil Sie es ständig mit Ihrer Energie versorgen? Wenn etwas mit Energie versorgt wird, kann es eben weiterhin bestehen und verstärkt sich sogar. Wir sind Meister darin, uns selbst zu hypnotisieren. Dadurch, dass wir uns ständig Geschichten erzählen, werden diese irgendwann zu unserer Realität.

Tiere scheinen diese Probleme nicht zu haben, da sie sehr instinktiv handeln, aber der Mensch mit seiner Fähigkeit, logisch zu denken, hat sie. Man sagt auch: »Du siehst die Welt nicht, wie sie ist, sondern wie du bist.« Um also das persönliche Leid zu reduzieren, kann es sehr hilfreich sein, die eigene Realität zu hinterfragen. Sind die Dinge wirklich so schlimm, oder machen wir sie nur so schlimm?

Viel Arbeit – wenig Erfolgserlebnisse

Bekanntlich gibt es einige Menschen, die viel an sich arbeiten, aber trotzdem nur langsam vorankommen. Wie bei jedem gibt es den einen oder anderen Lebensbereich, wo es noch nicht so rund läuft. Es scheint, als ob es hier deutlich mehr Aufwand braucht, um die Früchte der Arbeit zu ernten, als bei jemandem, der vielleicht nur einen Bruchteil der Zeit benötigt. Sie fragen sich, ob es Ihr Schicksal ist oder ob es etwas mit Glück zu tun hat, das unregelmäßig verteilt wird. Vielleicht hängen Sie irgendwo fest und kommen nicht weiter. Manchmal kann es vorkommen, dass Sie beruflich sehr erfolgreich sind, aber im Privatleben vor großen Herausforderungen stehen – oder umgekehrt. Bei der Arbeit am eigenen Charakter gehen wir oft durch sehr intensive Prozesse. Wir entwickeln neue Perspektiven und spüren den Drang nach Veränderung. So eine Transformation kann es in sich haben, da wir mit inneren und äußeren Dingen konfrontiert werden, mit denen wir nicht gerechnet haben. Oft steht man alleine da und hat das Gefühl, von anderen nicht verstanden zu werden. Auch wenn es momentan aussichtslos erscheint, muss es irgendwie weitergehen. Wenn der gewünschte Erfolg ausbleibt, kann das sehr bitter sein. Manchmal scheint das Ziel weiter in die Ferne zu rücken und es muss ein großer Umweg gemacht werden. Die Zeit kann sich elendig in die Länge ziehen und man ist kurz davor aufzugeben, was nicht selten der Fall ist. Vielleicht sind Sie deswegen schon kurz vor einer Krise oder spüren Anflüge von Resignation. Sich im Kreis zu drehen und immer auf der Ebene des Problems zu sein, könnte in so einem Fall bedeuten, dass der große Kontext nicht beachtet wird – also das große Ganze. Wenn Sie sich in einer der oben beschriebenen Situationen wiederfinden – und es gibt wohl nicht viele, denen so etwas nicht vertraut ist –, können die folgenden Ansätze für Sie relevant sein.

Gerade viele Anfänger erwarten konkrete Tipps und Lösungen für eine genaue Schritt-für-Schritt-Anleitung. Bei der Anwendung stellen diese Leute aber fest, dass sich zwar kurzfristig etwas gebessert hat, wissen aber nicht, dass rein logische Anleitungen für zukünftige Situationen, die recht ähnlich sind, nicht immer brauchbar sind. Warum ist das so? Man kann davon ausgehen, dass die Lösung nicht auf den Kern der Sache losgeht,

sondern eher dazu da ist, die Sache spektakulär zu um-
schiffen. Ich kann Ihnen an dieser Stelle keine konkrete
Lösung für Ihr Problem geben, da ich Ihr Leben nicht
kenne. Ich versuche Ihnen aber Prinzipien an die Hand zu
geben, die sich an den Naturgesetzen orientieren und
nicht solche, die nur für schnelle Lösungen konzipiert
sind und auswendig gelernt werden müssen. Es kann
sein, dass Ihnen die nachfolgenden Seiten etwas esote-
risch vorkommen. Deshalb lade ich Sie dazu ein, eine
mentale Klammer aufzumachen. Das ist eine Strategie,
die auch Wissenschaftler nutzen, wenn sie unvoreingenommen an eine Sache herangehen wollen. Unbekannte
Dinge werden gerne vom Ego ins Lächerliche gezogen
und abgelehnt, damit wir uns für das Neue nicht öffnen
können. Unser Ego versucht, uns in den alten Mustern
gefangen zu halten und will von neuen Methoden nichts
wissen. Sie können also zunächst die nachfolgenden Seiten in Klammer setzen und das Ganze auf sich wirken
lassen. Geben Sie den neuen Möglichkeiten eine Chance
und prüfen Sie, ob Sie damit etwas anfangen können.
Wenn es für Sie nichts ist, können Sie die mentale Klammer schließen und alles wieder verwerfen, aber lassen Sie
sich von Ihrem inneren Kritiker, was ja eigentlich das
Ego ist, nicht täuschen, sondern lernen Sie den Unterschied zwischen der Stimme des Egos und der leisen
Stimme der Intuition kennen.

Das Yin-Yang-Symbol als Lösung

Abb. 3 Yin-Yang-Symbol

Dieses Symbol stammt aus dem Daoismus und ist den meisten bekannt. Beim Daoismus handelt es sich nicht ausschließlich um eine Religion, sondern auch um eine Philosophie, die hier Hilfestellung geben soll und für unsere schnelle westliche Welt ein optimaler Ausgleich sein kann.

Das weibliche Yin (Schwarz) steht für:

- Entspannung
- Passivität
- Gefühl
- Empfangen
- Ruhe
- Nacht

- Formlosigkeit
- Wasser/Erde

Das männliche Yang (Weiß) steht für:

- Bewegung
- Aktivität
- Stärke
- Geben
- Spannung
- Tag
- Stabilität
- Feuer/Luft

Befinden wir uns in einer schwierigen Lage, versuchen viele, immer sehr aktiv zu sein, und das Handeln steht im Vordergrund. Oft kämpfen wir aber gegen Windmühlen und stellen fest, dass mehr Handeln zu nichts führt. Viele glauben daher, dass sie noch härter arbeiten müssen, um aus ihrem Dilemma herauszukommen. Manchmal macht das aber nur noch alles schlimmer und es kann passieren, dass wir andere vor den Kopf stoßen oder mit dem Kopf durch die Wand rennen wollen. Dieses Bild können wir uns merken. Es zeigt nämlich, wie es aussehen kann, wenn jemand versucht, mit der Realität zu argumentieren, und dabei nicht weiterkommt. Immer wieder gegen eine massive Stahlwand zu rennen, in der Hoffnung, dass diese nachgibt, kann nicht von Erfolg gekrönt sein. Die eigene Gesundheit würde ziemlich darunter leiden, was auch schon bei dem Punkt mit der Akzeptanz ersichtlich wurde. Immer wieder das Gleiche zu tun und andere Ergebnisse zu erwarten, ist Einsteins Definition von Wahnsinn.

Grenzen zu durchbrechen entspricht der männlichen Kraft. Das Ziel wird gesucht und dann scharf fokussiert. Die Richtung ist sehr geradlinig und der berühmte Tunnelblick ist zu erkennen. Es handelt sich um eine sehr aktive und impulsive Energie, die von Willenskraft und Umsetzung geprägt ist. Der Nachteil ist, dass für solch einen Zustand die Ausdauer auf Dauer nicht ausreicht.

Beobachten Sie den Angriff eines Löwen. Er sprintet für eine sehr kurze Zeit und muss sich dann auch sehr lange wieder ausruhen, um wieder zu Kräften zu kommen. Diese Vorgehensweise entspricht also mehr dem männlichen Prinzip.

Wenn es um langfristige Lösungen geht, kann bei diesem Vorgehen schnell die Puste ausgehen und es braucht viel Zeit, um sich wieder davon zu erholen. Bei dem männlichen Prinzip wird meistens der rationale Verstand für die Lösung herangezogen. Die Thematik wird analysiert, in ihre Einzelteile zerlegt und logisch durchdacht. Zahlen, Daten und Fakten sind entscheidend und das Maß aller Dinge. Hier ist kein Platz für Fantasie oder gefühlsbetonte Träumerei. Das Bauchgefühl spielt hier eine untergeordnete Rolle und der scharfe Verstand ist das wichtigste Werkzeug. Hier geht es die meiste Zeit um die Problemlösung und das Sammeln von Informationen. Hindernisse und Blockaden müssen schnell aus dem Weg geräumt werden und es wird kräftig angepackt. Das kann in manchen Fällen nützlich sein, wenn die Zeit zum Überlegen nicht reicht.

Eine Lebenskrise kann hier als Abhilfe also in Teilprobleme aufgeteilt werden, wo eines nach dem anderen aufgegriffen wird. Die Thematik erscheint dann kleiner und nicht mehr so überwältigend – leider werden hier manchmal wichtige Zusammenhänge vergessen und man versinkt im Handeln und vergisst irgendwann, um was es eigentlich geht, weil der Tunnelblick zu dominant geworden ist und die Scheuklappen es nicht mehr erlauben, über den Tellerrand zu blicken. Entscheidungen, die nur mithilfe des logischen Verstandes getroffen wurden, gehen erfahrungsgemäß auch oft in die Hose. Vieles wird in Kategorien und Schubladen eingeteilt und da, wo etwas anfängt, muss etwas anderes aufhören. Wenn ein Problem gelöst wurde, steht unmittelbar das nächste vor der Tür. Es ist so, als ob man sich auf einer Ebene bewegt, die nur aus Problemen besteht. Hier fehlt die Fähigkeit, die »Metaebene« einzunehmen, um das Ganze aus einer höheren Perspektive zu sehen.

Bei dem weiblichen Prinzip wird es ruhiger angegangen. Hier kommt der Verstand weniger zum Einsatz, was für den Durchschnittsmenschen als unwirtschaftlich empfunden wird. Der westliche Mensch ist oft sehr verkopft und deshalb nicht wirklich präsent mit seinen Emotionen. Beim weiblichen Prinzip spielt die Intuition eine zentrale Rolle. Entscheidungen werden auf der Basis von Gefühlen getroffen. Das Gehirn ist eher dazu da, Informationen zu verarbeiten und sie in Bilder umzusetzen. Es wird nicht nur geradlinig, sondern vernetzt gedacht und Dinge wie z. B. Hektik, Druck und Eile sind hier nicht notwendig. Der Tunnelblick ist auch nicht zu finden, sondern die Wahrnehmung ist geöffnet und das Sichtfeld geweitet. Details sind weniger wichtig als das große Bild. Geduld und Ruhe werden hier als wichtige Tugenden angesehen und auch angewendet. Die richtigen Eingebungen können zwar schnell kommen, dafür braucht die Umsetzung meist länger. Da es hier aber an Entschlossenheit und Risikobereitschaft mangeln kann, sind die Umsetzung und das Handeln oft langsamer. Der Mut, um Dinge aktiv anzugehen, ist hier nicht so stark ausgeprägt wie beim männlichen Prinzip. Die Empathie ist beim weiblichen Prinzip der Schlüssel für viele Lösungen und wird oft eingesetzt, um Dinge besser kennenzulernen und zu verstehen. Nicht nur die Fassade zählt, sondern auch der Inhalt. Die Intuition hilft dabei, ein tieferes Verständnis für Analogien herzustellen und Verbindungen zu schaffen, wo zuvor keine waren. Hier ist weniger oft mehr. Es wird erkannt, dass zwischen »ruhig sein« und »nichts tun« ein großer Unterschied besteht. Die Wende zum Besseren kann genau dann eintreten, wenn aufgehört wird zu kämpfen und man sich nach dem Fluss des Lebens richtet. Der Verstand wird zurückgefahren und man gibt der Intuition die Erlaubnis, wichtige Entscheidungen zu treffen. Die Hände dürfen hier auch hin und wieder vom Steuer genommen werden und das Leben darf uns führen.

Doch wie können diese Prinzipien dabei helfen, uns aus einer misslichen Lage zu befreien? Zunächst sollten wir wissen, dass es für einen bestimmten Konflikt nicht immer die eine Lösung gibt, die für alle gleich gut funktioniert. Es hängt vom eigenen Charakter ab, was wir einsetzen können. Es kann aber auch eine Kombination von mehreren Aspekten sein. Wir müssen uns von diesem »Schwarz-Weiß-Denken« lösen. Dieses »Entweder-Oder« ist ein sehr dualistisches Weltbild, das nicht mehr zeitgemäß für schwierige Lösungen ist. Die Natur funktioniert so nicht. Statt »Entweder-Oder« können wir die »Sowohl-als-auch«-Einstellung übernehmen.

Das Yin-Yang-Symbol ist so zu deuten, dass das Männliche auch im weiblichen Teil enthalten ist und umgekehrt. Genauso können Sie beide Ansätze und Qualitäten anwenden, unabhängig davon, ob Sie ein Mann oder eine Frau sind. Es sind beide Qualitäten vorhanden, nur unterschiedlich ausgeprägt. Es könnte sein, dass Sie zu passiv sind und dadurch Ihre Ziele nur sehr langsam erreichen. In diesem Fall würde sich eine eher männliche Strategie lohnen. In den meisten Fällen ziehen sich Krisen aber in die Länge, und viele Leute erzählen davon, wie ungeduldig sie sind, weil alles so lange dauert. Viele Dinge entwickeln sich recht langsam, da zuerst ein stabiles Fundament aufgebaut werden muss.

Wir leben in einer männlich geprägten Gesellschaft, in der Leistung, Schnelligkeit und harte Arbeit gefordert werden. Diese Arbeitsmoral ist bekannt und fester Bestandteil vieler Kulturen, und das rationale Denken hat einen höheren Stellenwert als die emotionale Intelligenz. Die Menschen sind daher sehr kopflastig unterwegs und haben daher weniger Anschluss an die weiblichen Qualitäten. Deswegen möchte ich hier mehr auf die weiblichen Lösungsansätze eingehen, die natürlich auch für Männer sehr hilfreich sein können. Keine Seite ist besser oder schlechter als die andere – es sind einfach nur andere Qualitäten und Vorgehensweisen für unterschiedliche Situationen.

Sie stecken also in einem Dilemma und merken, dass die Leistung, die Sie erbracht haben, zu nichts führt, oder es bleiben die ersehnten Erfolgserlebnisse aus. Vielleicht bemerken Sie eine depressive Verstimmung oder sind kurz davor, das Handtuch zu werfen. Das Selbstvertrauen ist angeschlagen, das Leben erscheint unfair und die Geduld ist am Ende, weil sich alles so in die Länge zieht. Eventuell haben Sie sich schon etwas zurückgezogen und warten nur noch darauf, bis dieser Alptraum endlich vorbeigeht. Die äußeren Umstände lassen sich momentan nicht großartig ändern, also können Sie nicht viel tun, als es wieder im Inneren anzugehen. Erfahrungsgemäß ist zu erkennen, dass es bestimmte Ressourcen sind, die uns durch schwere Zeiten tragen. Sicherlich ist die Resilienz ein sehr wichtiger Aspekt davon, doch es gibt Phasen, wo es noch etwas mehr brauchen könnte, auch wenn die Widerstandskraft schon recht hoch ist. Die folgenden Qualitäten und Eigenschaften haben sich in der Praxis für solche Phasen als sehr nützlich erwiesen:

- **Vertrauen**
- **Hingabe**
- **Geduld**
- **Ausdauer**

Nun wollen wir jeden dieser Punkte genauer betrachten, damit wir sie entwickeln und in das Leben integrieren können.

Vertrauen und Hingabe

Wenn es im Leben nicht weiter vorangeht, kommt man sehr schnell ins Grübeln. Das Wissen, das man sich angeeignet hat, wird oft in Frage gestellt, weil es nicht zu den gewünschten Ergebnissen führt. Der eingeschlagene Weg wird ebenfalls angezweifelt, weil er scheinbar nicht zum Ziel führt. Es sieht so aus, als hätte man sich im Leben verlaufen. Es kommt aber der Punkt, an dem eine Schwelle überschritten wird, wo es kein Zurück mehr gibt. Das alte Leben liegt hinter einem und man hat das Gefühl, als ob es auch keine Hintertür mehr gibt. In den meisten Fällen wirkt es so, als ob ein Nebel vor einem liegt, der den Weg verschleiert, und es kommt die Frage auf, ob es doch nicht besser ist, wieder umzukehren. Innerlich weiß man aber, dass der Weg zurück nicht mehr möglich ist. Werden neue Wege ausprobiert, muss man sich oft mit den Meinungen anderer Leute herumschlagen. In den meisten Fällen sind es genau die Menschen, die uns sehr nahestehen, wie Familie, Freunde oder Bekannte. Sie reden davon, dass es besser ist, beim sicheren Job zu bleiben und nichts zu riskieren. Der vorgezeichnete Weg und die klassische Berufslaufbahn werden aber für ein wirklich sinnvolles Leben als unbefriedigend wahrgenommen. Es braucht schon eine ordentliche Portion Mut, um die eingefahrenen Spuren zu verlassen, und auch ein großes Vertrauen in sich selbst, wenn das Gefühl entsteht, dass die anderen uns nur entmutigen wollen. Das mit dem Vertrauen ist aber so eine Sache, da Vertrauen sich manchmal nur dann aufbaut, wenn man schon auf dem Weg ist. Zu wenig Vertrauen kann uns davon abhalten, überhaupt loszugehen. Egal, ob wir vor der Entscheidung stehen, neue Wege zu gehen, oder schon weit gekommen sind, wir bemerken dennoch, dass es ohne Vertrauen kaum geht. Doch woher nehmen wir dieses Selbstvertrauen?

Wie der Name schon sagt, kommt Selbstvertrauen aus dem Selbst. Es ist die innere Quelle, die immer da ist. Es ist zwar möglich, dass andere Menschen seelischen Beistand geben, doch das Selbstvertrauen wächst und gedeiht im Menschen selbst. Viele verwechseln Selbstvertrauen und Selbstsicherheit mit sicherem Auftreten und glauben auch, dass man für jede passende Gelegenheit die richtige Antwort oder einen weisen Spruch parat haben muss. Dies können Merkmale von Sicherheit sein, doch um den Weg beharrlich zu verfolgen, braucht es innere Ressourcen, auf die man zurückgreifen kann. Selbstvertrauen ist das Vertrauen in die eigenen Fähigkeiten und den Ressourcen, die uns zur Verfügung stehen, um mit beliebigen Erfahrungen klarzukommen. Es heißt nicht, für alles die Antwort zu kennen oder immer gleich eine Lösung zu haben. Es ist eine Art Urvertrauen in sich selbst, das nie ganz verloren gehen sollte. Wie genau diese Situationen gemeistert werden, ist eine ganz andere Sache. Man weiß aber, dass es einen Weg gibt, und man glaubt auch daran, ihn zu finden. Auch wenn der Weg vorerst nicht zu erkennen ist und hin und wieder das Gefühl der Ausweglosigkeit präsent ist, können wir uns dennoch vertrauen. Es braucht auch nicht unbedingt viel davon, denn manchmal reicht auch ein Funke Zuversicht aus, um durch eine harte Zeit zu kommen.

Manche Trainer reden uns ein, dass wir totales Selbstvertrauen haben müssten, ohne jegliche Zweifel. Auch mir wurde in einer meiner Ausbildungen gesagt, dass ich keine Zweifel haben darf. Heute weiß ich, dass das Quatsch ist. Ich behaupte, solange ein Mensch einen Verstand hat, der jeden Tag zehntausende Gedanken durch den Kopf jagt, wird er auch immer ein paar Zweifel haben, und das ist auch nicht verkehrt. Ohne Zweifel könnte die Gefahr bestehen, dass jemand größenwahnsinnig wird und keinerlei Gefahren mehr wahrnimmt. Die Hemmschwelle wäre dann so niedrig, dass er lebensmüde werden könnte. Ein paar Zweifel zu haben, kann also ganz gesund sein, solange wir uns nicht von ihnen dominieren lassen.

Im Laufe des Lebens gehen wir durch verschiedene Prozesse, die oft sehr herausfordernd sind. Es gibt viele Irrwege und unerwartete Schwierigkeiten, die sich in den Weg stellen. Es ist wichtig, dem Prozess zu vertrauen, auf den wir uns eingelassen haben, auch wenn wir nicht genau wissen, wo er hinführt. Korrekturen können immer noch vorgenommen werden.

Wenn es Tage gibt, an denen Sie nicht wissen, wie es weitergeht, können Sie dennoch darauf vertrauen, dass es irgendwie weitergeht. Denken Sie dabei nicht immer nur waagrecht – also auf einer Zeitlinie, von der Sie die zukünftigen Ereignisse nicht genau voraussehen können –, sondern denken Sie auch mal senkrecht und verbinden Sie sich dabei mit Ihrer höheren Intelligenz, die den Weg kennt. Es ist kaum möglich, den ganzen Weg zu sehen. Es ist aber möglich, dem eingeschlagenen Pfad zu vertrauen, mit dem Glauben, dass er schon irgendwie zum Ziel führt. Ich sage bewusst »irgendwie«, weil es nicht darum geht, auf schwierigen Pfaden zu glänzen und vor anderen immer gut dazustehen. Es ist wichtig, weiterzugehen und die Hoffnung nicht zu verlieren. Ist es Ihnen wichtiger, in einer Krise immer perfekt auszusehen, oder irgendwie da durchzukommen? Ruhm und Erfolg werden auf der anderen Seite auf Sie warten, aber bis dahin kann der Weg ganz schön steinig sein. Es gibt Augenblicke, in denen wir den Glauben verlieren. Es gibt Momente, in denen wir am liebsten aufgeben würden, weil wir uns fragen, ob sich so viel Mühe überhaupt lohnt. Alles erscheint sinnlos und kein Zeichen der Besserung ist in Sicht. In solchen Fällen gibt es auch noch die Möglichkeit, ohne Glauben weiterzugehen. Der Weg wird fortgesetzt und irgendwann kehrt der Glaube langsam wieder zurück. Emotionen sind wie das Wetter. Sie können von einer Minute auf die andere wechseln. Zuerst trüben sie die Sinne und verziehen sich dann wieder – und in dem Moment kommt die Hoffnung wieder zurück.

Vertrauen Sie also dem Prozess, den Sie eingeleitet haben, und schauen Sie, wo er hinführt. Das Selbstvertrauen kann im Laufe des Lebens steigen und fallen. Machen Sie sich keine Vorwürfe, wenn Sie sich in einer Krise befinden und der Spiegel nicht das Bild zurückwirft, das Sie gerne sehen würden. Es braucht keine charismatische Ausstrahlung, wenn Ihnen gerade viele Dinge über den Kopf wachsen. Bewahren Sie die Würde und vertrauen Sie darauf, dass auch wieder bessere Zeiten kommen, wenn Sie beharrlich bleiben und weitermachen, auch wenn die äußeren Umstände nicht so sind, wie Sie sich das vorstellen.

Dass Dinge steigen und fallen, kommen und gehen, zeigt auch die Natur, also vertrauen Sie darauf, dass das auch für den Menschen gilt. Das Wort Krise leitet sich nebenbei aus dem Griechischen »krisis« ab und bedeutet so viel wie Entscheidung – und genau darum soll es im Leben immer wieder gehen. Wir können uns aussuchen, ob wir ein Opfer bleiben, das sich von jedem Rückschlag unterkriegen lässt, oder zum Abenteurer werden, bei dem das Leben hin und wieder turbulent ist; der seine Ziele mit Beharrlichkeit aber weiterhin verfolgt und weiß, wofür er steht.

Vertrauen muss nicht immer bedeuten, dass wir die einzige Person sind, auf die wir uns verlassen können. Womöglich kann sich das Blatt bald wenden und das Ziel ist schon näher, als man glaubt. Können auch Sie dem Leben trauen? Die meisten Menschen sehen das Leben als einen Kampf und es wirkt auch oft wie einer. Es passieren schlimme Dinge und viele stellen sich die Frage, warum das Leben so hart sein muss. »Womit habe ich das verdient?«, hört man. Bei so vielen Niederlagen und Enttäuschungen kann sehr schnell der Eindruck entstehen, dass das Leben gegen uns ist. Aber woher wissen wir das so genau? Kann es sein, dass diese Denkweise auch nur konditioniert ist? Erfahrungen, die nicht schön sind, werden auch manchmal als Strafe empfunden. Die gleichen Probleme tauchen immer wieder auf und wollen einfach nicht verschwinden, so als ob ein Fluch darauf liegt. Könnte es aber auch sein, dass hinter den gleichen Schwierigkeiten ein bestimmter Sinn liegt oder dass das Leben uns etwas Bestimmtes sagen will? Wenn das Leben uns Dinge zeigt, die uns nicht gefallen, besteht darin meist nur ein Zweck: uns zu lehren, was wir noch nicht begriffen haben. Statt dagegen anzukämpfen, können die Schwierigkeiten auch angenommen werden. Wir könnten uns ihnen sogar hingeben, denn Hingabe ist oft mit Fortschritt verbunden. Es bedeutet, sich auf eine Sache einzulassen, sich dafür zu öffnen und sich damit auseinanderzusetzen, bis man die Lektion gelernt hat. Ist das Hindernis wirklich ein Hindernis oder eine Chance für Wachstum? Versperrt es nur den Weg oder will es etwas lehren? Vielleicht will es überhaupt nichts lehren und nur zu einer Handlung oder neuen Denkweise auffordern. Statt das Ganze als Strafe zu sehen, können wir innehalten und uns Folgendes fragen: »Was muss geschehen, um das Hindernis zu überwinden? Welche inneren Ressourcen müssen sich jetzt zeigen, damit ich das Hindernis überwinden kann?« Ändert man auf diese Art seine Denkweise, kann das, was vor einem liegt, auch nützlich sein. Ressourcen wie z. B. Vertrauen, Geschick oder Weisheit können zum Vorschein kommen, die dabei helfen, einen anderen Weg zu finden oder einen Mentor mit mehr Erfahrung zu suchen, der den richtigen Weg weist. Wenn das Leben von schwierigen Umständen gezeichnet ist, liegt der Sinn meist darin, sich damit zu beschäftigen, um sich dadurch weiterzuentwickeln. Es müssen alternative Wege und innere Fähigkeiten gefunden werden, ohne die es sonst nicht weitergehen kann. Das mag in der aktuellen Situation sehr anstrengend sein, doch erst später merkt man, dass genau das notwendig war, um dem Ziel näherzukommen. Es gibt Leute, die eine schwere Kindheit hatten und vieles überstehen mussten. Viele Jahre später bereuen sie es aber nicht, sondern sagen, dass sie genau das gebraucht haben, um seelisch zu reifen. Ein Sprichwort lautet: »Ein ruhiger Ozean hat noch nie einen geschickten Segler hervorgebracht.«

Wenn das Leben immer ruhig und einfach wäre, würden sich die meisten Menschen darauf ausruhen und nicht mehr an sich arbeiten. Würde ein Mensch nicht regelmäßig gefordert werden, würde er sich wahrscheinlich auch nicht die notwendigen Fähigkeiten antrainieren, um voranzukommen. Das Leben fordert uns immer wieder heraus. Anstatt es als Strafe zu sehen, kann es auch als Chance zur Entwicklung gesehen werden. Dabei ist aber zu beachten, dass schwierige Situationen uns oft gar nicht so nützlich vorkommen, weil es gefühlsmäßig nicht so wahrgenommen wird. Ist gerade alles sehr turbulent, kann es sehr schwer sein, darin eine gute Sache zu sehen. Wir erkennen den Schatz darin erst, wenn sich die Lage wieder entspannt hat und sich die Wogen geglättet haben. Somit kann angenommen werden, dass das Leben und die Dinge, die geschehen, immer für uns geschehen und der eigenen Entwicklung dienen, auch wenn der Mehrwert erst viele Jahre später sichtbar wird. Die nächste Geschichte soll Klarheit darüber bringen.

Die Geschichte mit dem chinesischen Bauer

In einem Dorf in China, nicht ganz klein, aber auch nicht groß, lebte ein Bauer – nicht arm, aber auch nicht reich, nicht sehr alt, aber auch nicht mehr jung, der hatte ein Pferd. Und weil er der einzige Bauer im Dorf war, der ein Pferd hatte, sagten die Leute im Dorf: »Oh, so ein schönes Pferd, hat der ein Glück!« Und der Bauer antwortete: »Wer weiß?!«
Eines Tages, eines ganz normalen Tages, keiner weiß weshalb, brach das Pferd des Bauern aus seiner Koppel aus und lief weg. Der Bauer sah es noch davongaloppieren, aber er konnte es nicht mehr einfangen. Am Abend standen die Leute des Dorfes am Zaun der leeren Koppel, manche grinsten ein bisschen schadenfreudig und sagten: »Oh der arme Bauer, jetzt ist sein einziges Pferd weggelaufen. Jetzt hat er kein Pferd mehr, der Arme!« Der Bauer hörte das wohl und murmelte nur: »Wer weiß?!«
Ein paar Tage später sah man morgens auf der Koppel des Bauern das schöne Pferd, wie es anderen Pferden im Spiel hin und herjagte: sie waren ihm aus den Bergen gefolgt. Groß war der Neid der Nachbarn, die sagten: »Oh, was hat der doch für ein Glück, der Bauer!« Aber der Bauer sagte nur: »Wer weiß?!«
Eines schönen Tages im Sommer dann stieg der einzige Sohn des Bauern auf das wilde Pferd, um es zu reiten.

Schnell war er nicht mehr alleine, das halbe Dorf schaute zu, wie er stolz auf dem schönen Pferd ritt. »Aah, wie hat der es gut!« Aber plötzlich schreckte das Pferd, bäumte sich auf und der Sohn des Bauern fiel hinunter und brach sich das Bein und die Hüfte. Und die Nachbarn schrien auf und sagten: »Oh, der arme Bauer: Sein einziger Sohn! Ob er jemals wieder wird richtig gehen können? So ein Pech!« Aber der Bauer sagte nur: »Wer weiß?!« Einige Zeit später schreckte das ganze Dorf aus dem Schlaf, als gegen Morgen großer Lärm auf den Straßen zu hören war. Die Soldaten des Herrschers kamen in das Dorf geritten und holten alle Jungen und Männer aus dem Bett, um sie mitzunehmen in den Krieg. Der Sohn des Bauern konnte nicht mitgehen, weil sein Bein gebrochen war. Und so mancher saß daheim und sagte: »Was hat der für ein Glück!«

Aber der Bauer murmelte nur: »Wer weiß?!« Und die Moral von der Geschichte ... »Wer weiß?!«

Das Leben als Wechselspiel von Glück und Unglück!

Die Dörfler bewerten die Ereignisse spontan als Glück (»das ist gut«) oder Unglück (»das ist nicht gut«), ohne sie im größeren Kontext sehen zu können. Der einfache Bauer mit seiner Gelassenheit und Lebensweisheit weiß, dass das Leben ein Wechselspiel von Yin und Yang, von Licht und Schatten, von Glück und Unglück ist. Er nimmt das Leben so, wie es ist, ohne sofort zu bewerten, und findet darin Ruhe und sein wahres Glück.

Gelassenheit ist ein Ausdruck innerer Ruhe und die Fähigkeit, unter Stress und wechselnden Umständen sein seelisches Gleichgewicht zu wahren. Das Leben in Gelassenheit meint also das Leben in der Gegenwart. Meist lohnt sich Aufregung im Hier und Jetzt nicht. Dinge, die schon passiert sind, können durch Aufregung nicht ungeschehen gemacht werden. Und was in der Zukunft passieren könnte, kann durch unkontrollierte Gefühlsausbrüche nicht verbessert werden. Das Einzige, was sich durch die Aufregung wirklich ändert, ist die eigene Stimmung und die der Menschen in der direkten Umgebung.

Darum macht es auch nicht viel Sinn, einen Menschen, der in tiefer Trauer ist, mit guten Ratschlägen zu überhäufen. Es nützt nicht viel, wenn Sie zu ihm sagen: »Alles, was passiert, passiert zu deinem Besten.« Auch wenn es so sein mag, wird es für ihn momentan sehr schwer sein, das zu glauben. Negative Emotionen können vieles verzerren und uns sehr nach unten ziehen. Die Klarheit wird sich meistens erst viel später einstellen, wenn die Krise überstanden ist. Deshalb braucht es oft nicht viel mehr, als durchzuhalten und nicht aufzugeben. Es braucht auch keine erhabenen Lösungen und edle Taten. Stärke kommt nicht immer vom Gewinnen. Stärke wird entwickelt, wenn wir durch eine harte Zeit gehen und nicht bereit sind, aufzugeben. Manchmal wird der Sinn einer Krise sogar erst am Ende des Lebens bewusst.

Nehmen wir auch hier nochmal das Yin-Yang-Symbol zur Hand. Genau wie bei den Lösungsansätzen kann das Symbol auch lehren, den tieferen Sinn von verschiedenen Erfahrungen zu erkennen. Yin und Yang liegen sehr nah beisammen und ergänzen sich auch von der Form her exakt. Auf der einen Seite befindet sich ein kleiner Punkt, der auch die andere Seite größtenteils einnimmt. Wir könnten daraus schließen, dass die Dinge oft sehr nah beieinanderliegen und sich bedingen, genauso wie die eigenen Bewertungen. Wenn das Problem gegenwärtig ist, kann auch die Lösung sehr nahe liegen und umgekehrt – oft liegt im Problem schon die eigentliche Lösung. Wir erinnern uns, dass das, was als Problem bezeichnet wird, meistens nur vom eigenen Denken kreiert wurde. Die Dinge, die einem Menschen im Leben passieren, unabhängig davon, wie er sie bewertet, können einfach nur als Erfahrungen verstanden werden. Somit könnte eine Krise auch als Training betrachtet werden, das der Weiterentwicklung dient. Leider ist das Lernen bei den meisten Menschen mit viel Schmerz verbunden, da der Wert von solchen Erfahrungen nicht gelehrt wird und alles nur in gut und schlecht unterteilt wird. Bei der Hingabe öffnet man sich also nicht nur der Erfahrung, sondern auch der Lösung. Die Erfahrung, die gerade gemacht wird, ist dann richtig und wichtig. Die Situation, die gerade da ist, könnte also für die aktuelle Entwicklung perfekt sein. Oft bleiben Dinge im Leben so lange bestehen, bis alles Notwendige gelernt wurde und daraus ein Mehrwert gezogen wurde. Wenn die Lektion vollständig begriffen wurde, verschwindet normalerweise auch das Hindernis. Manchmal verlangt das Leben von uns, dass wir uns so lange mit einer Sache »herumschlagen«, bis wir darin zum Experten geworden sind und später das Wissen an andere weitergeben können.

Es gibt eine kosmische Intelligenz, die viel mehr weiß, als der Mensch je mit seinem Verstand begreifen wird. Wenn schlimme Dinge geschehen, kann dahinter ein Plan stehen, der erst viel später zum Vorschein kommt. Danach kann man darüber immer noch dankbar sein. Bei der nächsten Erfahrung, die Ihnen nicht gefällt, könnte also auch etwas Positives enthalten sein – es liegt an Ihnen, den Sinn darin zu finden. Die Emotionen sind vielleicht schmerzhaft, aber die Erfahrung an sich ist wichtig. Leider werden viele wichtige Erkenntnisse nur im Durchgang durch Schmerz und Dunkelheit gelernt.

Das Leben spiegelt dem Menschen die Dinge, die er auch in sich trägt. Wenn im Inneren ein Konflikt oder ein unerlöstes emotionales Thema existiert, wird das Leben das früher oder später als entsprechende Erfahrung spiegeln. Wenn z. B. immer eine bestimmte Sorte Mensch in das Leben tritt oder es immer wieder zu finanziellen Engpässen kommt oder immer der »falsche Partner« in das Leben tritt, der nach drei Monaten wieder geht, ist dahinter eine Botschaft, die gelernt werden darf. Es kann angenommen werden, dass im Inneren bestimmte Programme wirksam sind, die den äußeren Umständen gesetzmäßig entsprechen. Das Leben ärgert den Menschen nicht zum Spaß, sondern gibt ihm viele Hinweise und Zeichen.

Erkennen Sie also die Botschaft und die Hinweise, die das Leben Ihnen vorhält. Üben Sie die Selbstreflexion und fragen Sie sich, was das mit Ihnen zu tun hat. Achten Sie auf die Zusammenhänge der Innen- und Außenwelt. Schaut das, was Sie in Ihrem Leben vorfinden, nicht ähnlich aus wie das, was Sie die meiste Zeit denken und fühlen? Oft sind die inneren Themen sehr unbewusst. Das Leben tut Ihnen also einen Gefallen und zeigt Ihnen das, was Sie vielleicht gar nicht in sich sehen können. Es arbeitet gesetzmäßig und hält sich dabei an die Regeln. Man spricht auch vom »blinden Fleck«. Ein Mensch hat sehr viele blinde Flecken, und das Leben gibt immer auf irgendeine Art Feedback, das wir leider oft nicht verstehen wollen, und diese Weigerung erzeugt Leid. Gerade viele junge Menschen müssen zahlreiche Erfahrungen sammeln und vieles ausprobieren, weil sie von ihren Eltern keine Bedienungsanleitung für das Leben bekommen haben, und so kommt es, dass viele von diesen Erfahrungen oft schmerzhaft sind. Wie viele können sich schon an eine glückliche Mutter oder an einen glücklichen Vater erinnern? Wenn die Eltern von Glück nicht viel verstehen, wie können sie es dann ihren Kindern beibringen? Und auch hier liegt dennoch eine Chance für inneres Wachstum, auch wenn der Weg länger und schwerer ist, als vielen lieb ist.

Wussten Sie, dass der gebürtige Österreicher Arnold Schwarzenegger eine Kindheit hatte, die alles andere als leicht gewesen sein soll? Sein Vater Gustav war aus dem Krieg zurückgekehrt und wollte seinen Söhnen Disziplin beibringen – und zwar mit Gewalt. Arnold und sein älterer Bruder Meinhard wurden vom Vater sehr oft geschlagen. Der Vater war ein Tyrann und ließ beide Jungen in Wettkämpfen gegeneinander antreten. Die Mutter war im Gegensatz zum brutalen Vater als gütig beschrieben worden. Auch in der Schule wurde der junge Arnold mit der Gewalt konfrontiert. Er hatte eine Lernschwäche, über die in dieser Zeit nicht viel gesprochen wurde. »Ich war sehr schlecht im Lesen, und wenn ich in der Klasse etwas laut vorlesen musste, wurde ich mit dem Lineal geschlagen«, erzählte der ehemalige Bodybuilder. Schon als Kind träumte Arnold davon, nach Amerika zu gehen und berühmt zu werden. Er wurde aber damals von vielen nur belächelt, da sein steirischer Akzent und sein langer Name für eine Karriere in Hollywood ungeeignet wären. Jeder versuchte ihm das auszureden, und sein Vater hatte ihm sogar das Training verboten. Er sollte Polizist werden, genau wie Gustav selbst, und in der Heimat bleiben. Die Härte von ihm spornte den jungen Schwarzenegger aber an, noch mehr an sich zu arbeiten. Seine Motivation steigerte sich durch die verbietenden Gesten der Eltern. Das ist ein Verhalten, das nicht bei jedem zu beobachten war. Er ließ sich nicht aufhalten und setzte alles daran, seinen Traum zu verwirklichen. Er hatte einen eisernen Willen, doch sein Bruder war sensibler und litt sehr unter der brutalen Erziehung. Kurz nachdem Arnold 1968 in die USA auswanderte, um professioneller Bodybuilder zu werden, ereignete sich eine Tragödie. Sein Bruder kam 1971 bei einem Autounfall ums Leben. Er raste gegen einen Telefonmast. Durch die strenge Erziehung griff er immer öfter zum Alkohol, sagte Arnold. »Das, was mich zu dem gemacht hat, was ich heute bin, hat meinen Bruder zerstört«, meinte der Schauspieler, der das Grab seines Bruders regelmäßig besucht.

Wir kennen alle das berühmte Zitat von Friedrich Nietzsche: »Was dich nicht umbringt, macht dich stärker.« Das trifft scheinbar nicht auf jeden Menschen zu. Viele bleiben in ihrer Krise stecken und verfallen dem Alkohol oder anderen Mitteln. Krisen und Rückschläge sind in dem Moment, wo sie durchlebt werden, belastend und für die meisten schwer zu bewältigen. Schwere Zeiten machen jemanden nur wirklich dann stärker, wenn sie auf gute Art und Weise bewältigt werden und auch ein entsprechender Mehrwert daraus gezogen wird. Es können Traumata entstehen, die sehr tiefe Wunden hinterlassen und ohne fachkundige Hilfe kaum geheilt werden. Bei den seelischen Verletzungen kann die Zeit nicht immer alle Wunden heilen – es wächst oft nur Gras darüber. Wir sehen also, dass nicht jeder Mensch von Natur aus eine ausgeprägte Resilienz hat. Bei vielen reicht schon eine harte Zurückweisung, um das Selbstvertrauen für eine lange Zeit zu verlieren. Trotzdem kann man sehr viel für den Aufbau einer soliden Resilienz tun.

Geduld und Ausdauer

Es besteht kein Zweifel, dass diese beiden Faktoren bei der eigenen Entwicklung zu den größten Hürden gehören. Alles muss schnell gehen und die Zeit wird als sehr wichtiger Faktor gewertet, doch in einer schwierigen Situation kommt es uns oft so vor, als ob die Zeit sehr langsam vergeht. Auch mit einer gut entwickelten Resilienz können wir an unsere Grenzen stoßen, wenn eine Verbesserung der Lebensumstände lange auf sich warten lässt und der Mensch das Gefühl hat, dass er sich in einer Warteschleife befindet. Der Charakter eines Menschen ist Basisarbeit, und deswegen braucht es oft sehr lange, bis er gut geschliffen ist. Zudem beschwert man sich, warum es nicht schneller geht, aber die Natur hat es wohl so eingerichtet, dass es nicht schneller gehen soll. Die Natur kann hier wieder ein gutes Vorbild sein. Betrachtet man einen Baum, glaubt man, dass im Moment gar nichts passiert. In Wahrheit passiert aber immer etwas, das aber nicht offensichtlich ist. Der Baum oder das Gras wächst auch nicht schneller, wenn man daran zieht. Es sind natürliche Prozesse notwendig, die von alleine geschehen müssen. Wenn in einen natürlichen Prozess eingegriffen wird, wird auch das Gleichgewicht der Natur gestört. Wenn Schritte übersprungen werden, kann das schwere Folgen haben, weil die Basisarbeit nicht gemacht wurde. Bewegen sich die Dinge nur sehr langsam, kann das ein Anzeichen dafür sein, dass es einfach nicht die Zeit für schnelle Lösungen ist. Ungeduld weist darauf hin, dass die Gegenwart zu wenig gewürdigt wird. Es wird ein Ziel in der Zukunft angesteuert, das aber noch nicht in Reichweite ist.

Wenn Sie also das Gefühl haben, nicht vom Fleck zu kommen, kann sich auch darin eine Lernaufgabe befinden. Vielleicht geht es darum, Geduld zu lernen und mehr nach innen zu gehen, als große Projekte in der Außenwelt zu erschaffen. Verschlossene Türen können darauf hindeuten, dass man sich zurückziehen soll, um sich mehr den inneren Themen zu widmen. Oft kommen die Dinge genau dann in das Leben, wenn die Zeit dafür richtig ist. Vermutlich ist jetzt einfach noch nicht der richtige Zeitpunkt für eine große Veränderung. Wer dem Leben oder Menschen hinterherläuft, wird sicher schon bemerkt haben, dass diese Sachen noch weiter in die Ferne rücken. Das ist nicht ungewöhnlich und es scheint wie verhext zu sein. Tatsächlich ist es so, dass durch die Ungeduld die Erfüllung der Wünsche sehr verzögert werden kann. Ungeduld und Frust machen uns nicht magnetisch und schieben die Wünsche noch weiter weg. Wer einen Menschen für sich gewinnen möchte und ihn dabei unter Druck setzt und versucht zu klammern, erreicht dadurch nur das Gegenteil.

Wenn Sie trotz großer Bemühungen und viel innerer Arbeit das Ziel nicht erreichen oder sich Ihr Wunsch nicht erfüllt, dann liegt das meistens an drei Dingen:

1. Sie sind nicht im richtigen Gemütszustand, weil sie entweder nicht offen, innerlich blockiert oder nicht genügend darauf vorbereitet sind.

2. Der Wunsch oder das Ziel ist nicht das Richtige für Sie.

3. Die Zeit ist nicht reif – was aber meistens mit dem ersten Punkt zu tun hat.

In solchen Fällen ist es ratsam, einen Gang zurückzuschalten oder sogar eine größere Pause einzulegen. Manche Menschen werfen gleich die Flinte ins Korn, wenn ein Projekt nicht auf Anhieb gelingt und der Frust zu groß wird. Ausdauer ist für den Erfolg sehr wichtig, aber auch regelmäßige Pausen. Ein Projekt kann auch für eine bestimmte Zeit auf Eis gelegt werden. Wenn es zu Rückschlägen kommt, sollte man sich genügend Raum geben, damit die Resilienz ausreichend Zeit hat, das Gleichgewicht wiederherzustellen. Gönnen Sie sich ruhig den Rückzug. Manchmal hat man nach einem Rückschlag das Gefühl, dass es besser ist, die nächsten drei Monate keinen neuen Versuch mehr zu unternehmen. Wenn das seelische Immunsystem jedoch gut entwickelt ist und den Rückschlag besser verkraften kann, kommt die Motivation, weiterzumachen, wahrscheinlich schon nach drei Wochen wieder zurück oder noch schneller. Die Strategie kann hier also heißen: **Rückzug – sich sammeln – nochmal probieren**. Wenn Sie z. B. auf der Suche nach einer neuen Stelle sind und viele Absagen bekommen, kann diese Vorgehensweise zum Erfolg führen. Wenn Sie Ihren

Teil der Abmachung erfüllt haben und Ihr Bestes gegeben haben, lehnen Sie sich auch mal zurück und schauen Sie, was das Leben darauf antwortet. Es ist von Vorteil, zu arbeiten – es ist aber auch genauso von Vorteil, dem Leben die Chance zu geben, im günstigen Augenblick zu wirken. Die Zeit wird zeigen, was geschehen wird.

Vorwärts leben – rückwärts verstehen

Enttäuschungen und Niederlagen führen bekanntlich zu neuen Wegen. Steve Jobs sagte bei seiner bekannten Rede: »Du kannst die Punkte nur rückwärts verbinden.« Er wusste, wovon er sprach. Er wurde von seiner Firma gefeuert und hat daraufhin etwas Neues gegründet und wurde sehr erfolgreich. Solche Schicksalsschläge führen wieder zu neuen Wegen, wo etwas Besseres warten kann. Es gibt die kuriosesten Lebensläufe, die nur rückwärts einen Sinn ergeben. Dabei stellt man fest, dass die einzelnen Stationen »nur« Vorbereitungen waren für die großen Aufgaben, die später folgten.

Vielleicht müssen Sie eine Weile einen Job machen, der Ihnen nicht gefällt. Sie erwerben aber dadurch neue Kenntnisse, die momentan unnötig erscheinen, später aber für die große Lebensaufgabe durchaus nützlich sein können. Erst im Nachhinein wird verständlich, warum diese und jene Lebensphasen absolviert werden mussten. Und auch wenn diese Abschnitte sehr hart waren, erfüllen sie doch immer einen gewissen Zweck, denn nichts passiert umsonst. Sogar durch die Menschen, die uns verletzen, lernen wir, was uns wirklich wichtig ist. Durch schmerzhafte Erlebnisse können wir wieder wichtige Werte entwickeln, die schon lange vergessen wurden. Wer weiß, wo das Leben einen hingeführt hätte, wenn dieses oder jenes nicht passiert wäre? Hätte Arnold Schwarzenegger so erfolgreich werden können, wenn sein Vater ihn als Kind verwöhnt hätte und ihn nicht durch seine strenge Erziehung aus dem Elternhaus getrieben hätte? Auch wenn es sehr schwer zu glauben sein mag, aber wahrscheinlich ist jeder von uns genau da, wo er sein soll. Jeder hat die Umstände und Menschen in seinem Leben, die momentan für seine Entwicklung wichtig sind – sonst wären sie auch nicht da. Das ganze Leben ist nicht vorhersehbar – es können aber Spielregeln und Techniken erlernt werden, um das Spiel besser zu gestalten.

»Verstehen kann man das Leben oft nur rückwärts, doch leben muss man es vorwärts.«

Sören Kierkegaard (dänischer Philosoph)

Wir lernen oft nur durch Gegensätze. Die Trauer ist dazu da, um den Wert der Freude zu erkennen. Die Krankheit ist dazu da, um den Wert der Gesundheit zu begreifen. Der Mangel ist dazu da, um den Wert der Fülle zu erfahren. Das Leid hat somit einen Sinn und gewinnt eine neue Bedeutung.

Ein ermutigendes Gedicht:

Das Labyrinth ist ein Symbol des Lebens.

Auch wenn du unvollkommen bist,

auch wenn du Tag für Tag umkehren musst,

auch wenn Umkehr und Bekehrung Voraussetzung ist,

um weitergehen zu können,

auch wenn der Weg verschlungen ist

und dich hinführt, wo du nicht hinwillst,

auch wenn du meinst, den falschen Weg erwischt zu haben

oder auf falsche Wege geführt zu werden,

auch wenn dir dein Leben wie ein Irrgarten vorkommt

- verwirrend und ohne AusSICHT, wie es weitergeht

und ohne EinSICHT, warum es so weitergeht

auch wenn du Umwege nicht verstehst,

die dir als Irrwege vorkommen,

auch wenn du nicht verstehst, warum du so viele Meter gehen musst,

wo doch auch wenige Meter Luftlinie genügen könnten

auch wenn du Leid, Entfremdung, Erfolglosigkeit und Durststrecken erleben musst

- das Labyrinth will dir eine Ermutigung sein.

Es will dich einladen,

dich bewusst auf den Weg zu machen.

Es will dich ermutigen, zu gehen…. Und weiter zu gehen,

Schritt für Schritt,

weil es ein Ziel gibt.

Auf deinem Weg erwartet Dich die Mitte… deine Mitte

Nachwort

Ich möchte Sie in Ihrem Prozess daran erinnern, dass Sie nicht alles in diesem Buch bis ins kleinste Detail verstehen müssen, um damit Erfolg zu haben. Vermutlich soll es auch nicht sein, dass der Mensch im Leben immer alles genau verstehen kann. Auch die weisesten Lehrer können nicht alles nachvollziehen und haben auch nicht immer alle Antworten, da das Bewusstsein nun einmal begrenzt ist. Wir sind nicht auf dieser Welt, um alles zu begreifen und alles richtig zu machen. Wenn dem so wäre, hätten wir sehr viel zu tun. Es reicht, wenn wir uns bemühen und uns so annehmen können, wie wir sind, mit allen Ecken und Kanten, und uns von diesem Punkt aus weiterentwickeln. Steuern wir eine positive Richtung an, halten den Kurs und leisten einen sinnvollen Beitrag, um die Welt etwas besser zu machen, sollte der Zweck unseres Daseins damit erfüllt sein.

Findet der aufmerksame Leser in diesem Buch die Zeilen, die ihm dabei helfen, sein Leben besser zu gestalten und sein Wohlbefinden zu steigern, hat es seinen Zweck erfüllt. Und wenn nicht alles gelingen sollte, gibt es ja vielleicht noch ein anderes Leben.

Falls es Ihnen in Ihrem Prozess mal nicht so gut geht, erinnern Sie sich daran, dass Sie zu einem kleinen Teil der Gesellschaft gehören, der den Mut hat, die eigenen Tiefen zu ergründen und ernsthaft an sich zu arbeiten, was in dieser modernen Zeit mit den vielen äußeren Ablenkungen nicht immer selbstverständlich ist!

Dafür möchte ich Ihnen aufrichtig danken.

Über den Autor

Daniel Williams ist Mentaltrainer und Coach für Persönlichkeitsentwicklung. Durch seine berufliche Neuorientierung hat er den Wert von tiefgreifenden Veränderungen erkannt. Aus diesen Erfahrungen verbindet er dabei verschiedenste Lösungsansätze, wie z. B. Elemente aus der Tiefenpsychologie sowie fernöstliche Prinzipien, bei denen neben dem theoretischen Wissen vor allem die praktische Umsetzung im Vordergrund steht.

Weitere Informationen finden Sie unter:

www.williams-coaching.at